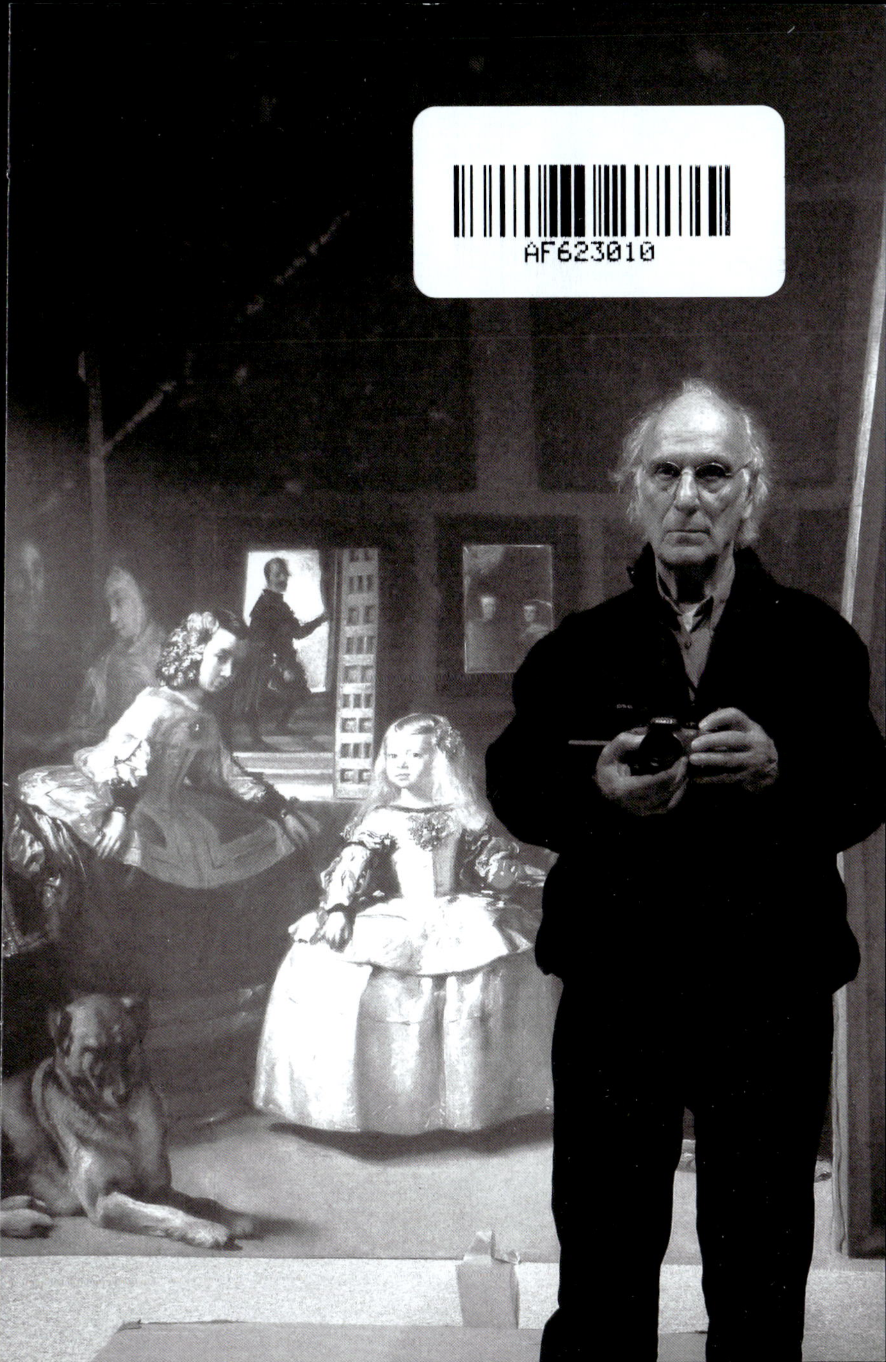

Biblioteca PHotoBolsillo

Carlos Saura

Los primeros años, 1950-1962

PHotoBolsillo LA FABRICA

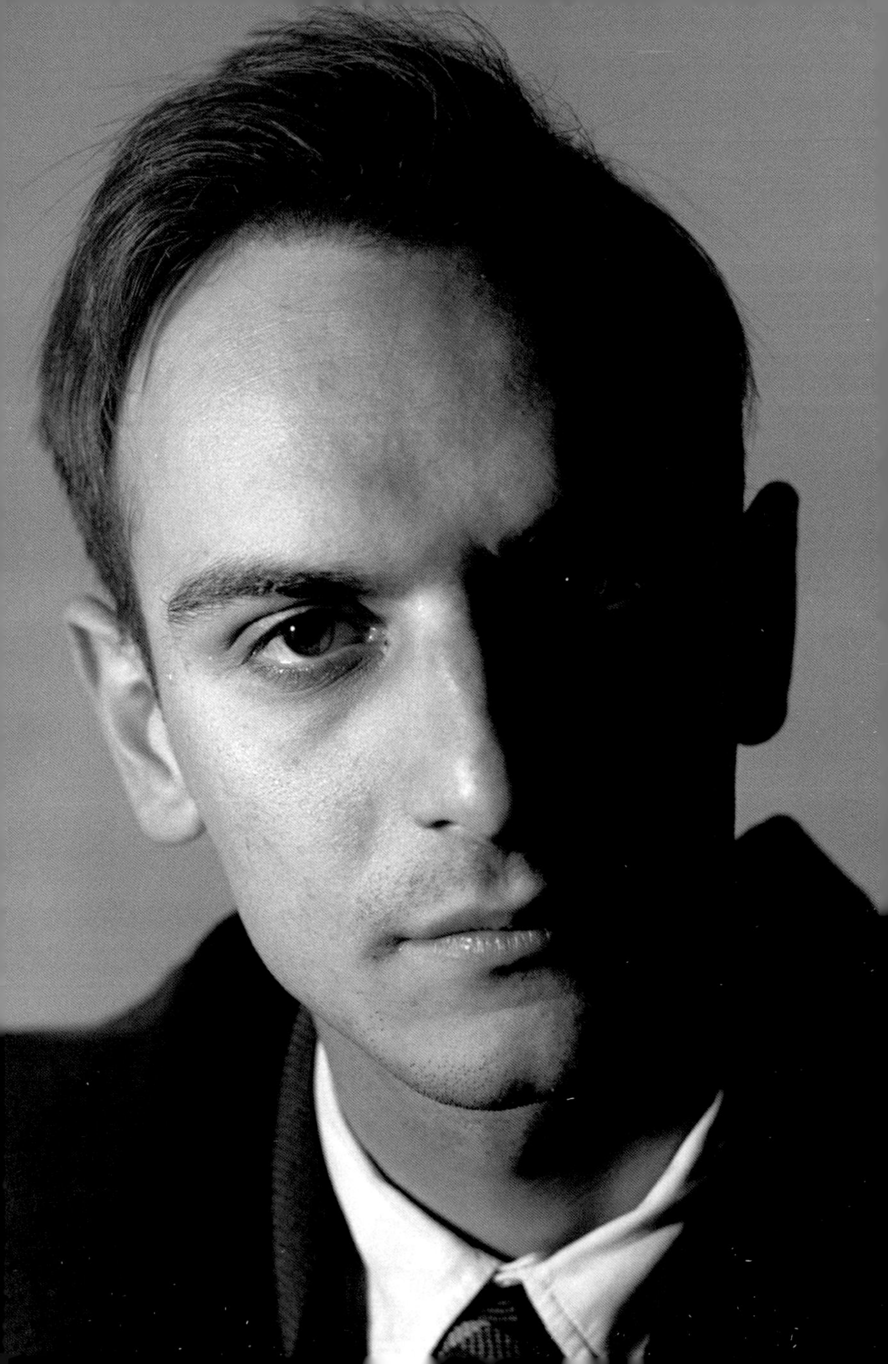

Carlos Saura
Sobre la fotografía
Por Carlos Saura

Carlos Saura, *c.* 1954

Soy un fotógrafo apasionado que va por la vida con una pequeña cámara digital observando a quienes le rodean, y guardo y conservo las imágenes que con ella obtengo por su valor documental o porque representan un momento de mi vida.

No hace falta recurrir a frases como «espejo de la vida», «el pasado que retorna», «testigo de los hechos», «testimonio histórico», etcétera, etcétera, para entender que la fotografía es uno de los más grandes inventos del hombre, una verdadera revolución que marca la época que vivimos. Hoy nos parece normal que podamos encontrar en las fotografías de nuestro el álbum personal a nuestros padres, hermanos, familiares, amigos, personas a las que hemos querido, amado, deseado; fechas que marcaron nuestras vidas, lugares y paisajes que un día visitamos, heridas, olvidos y destrozos, sonrisas y alegrías; y es inevitable que la tristeza nos embargue cuando contemplamos la pérdida de los seres queridos.

La fotografía ya no es lo que era: perdimos la magia de la imagen que surgía poco a poco en la cubeta del revelador, desaparecieron los fuelles de cuero, los obturadores de relojería, las películas que había que revelar, copiar o ampliar; desapareció el cuarto oscuro para cargar y descargar las películas, la luz roja del laboratorio, el olor del metol, de la hidroquinona, del hiposulfito...

Ante la avalancha de las cámaras digitales, los ordenadores y las impresoras, la fotografía se ha democratizado y hoy cualquiera puede obtener una buena imagen con una pequeña cámara o con su móvil. La profusión de los medios visuales ha hecho que ahora sean muchos los fotógrafos capaces de alcanzar la calidad de antaño.

He llegado a la fotografía por amor, por conservar una imagen de alguien a quien amaba y para poder establecer una relación con el ser amado. A los ocho años, años de posguerra en España, años difíciles, estaba enamorado de una niña que vivía cerca de mi casa. Entonces era tímido, así que me escondí detrás de un seto con la cámara fotográfica de mi padre e hice la primera foto de mi historia.

Más tarde aprendí que la fotografía *podía* cambiar mi mundo, que era un testimonio fidedigno de lo que ocurría a mi alrededor, y con esas premisas decidí practicarla y aprender a controlarla. Mi primera exposición la hice a los diecinueve años en la Real Sociedad Fotográfica, cuyo presidente era nada menos que José Ortiz Echagüe. Estudié el bachillerato, hice la mili, quise ser periodista e ingeniero, y por fin di con lo que iba a ser una parte esencial de mi vida: el cine. Pero nunca abandoné le fotografía. Solo fui profesional cuando me nombraron fotógrafo

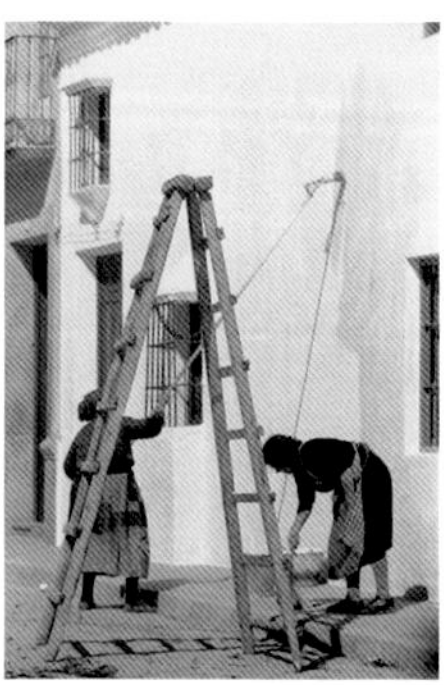

Castilla, 1955

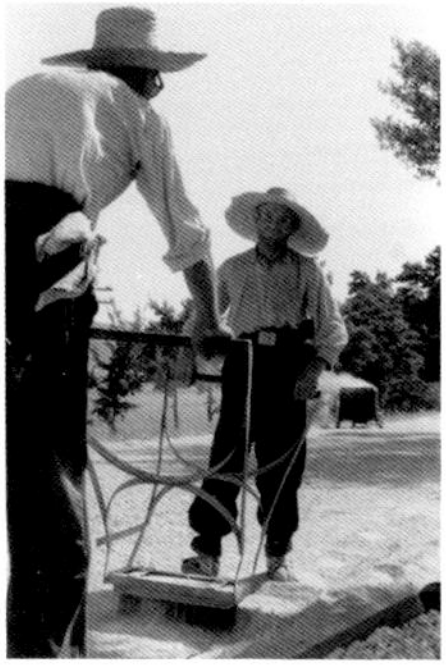

Cuenca, 1956

oficial de los Festivales de Música y Danza de Granada y Santander. Fue una experiencia preciosa compartir mi vida con directores de orquesta, cantantes, intérpretes y bailarines.

La fotografía, el dibujo, la pintura y el cine me han permitido mantener viva mi curiosidad por el mundo de la imagen, curiosidad que he compartido con mi hermano Antonio, el pintor.

Hoy la imagen y la palabra —la palabra escrita y la fotografía, con todas sus derivaciones: televisión, cine, etcétera— se complementan, y nuestra cultura visual es tan extensa y dominante que influencia a cualquier sector de nuestra sociedad.

«Sonría, que sale el pajarito», decían los fotógrafos de antaño, quizás con la idea de dejar la huella de un presente optimista. Ya no sale el pajarito; «el pajarito» duerme entre los entresijos de la electrónica. Pero seguimos viendo las sonrisas aprendidas y ensayadas delante del espejo, sonrisas que inundan nuestros álbumes familiares.

¿Y ahora? Este librito pertenece a un pasado remoto en la historia de mi vida. Las fotografías pertenecen a los años cincuenta y mi intención entonces era mostrar una España alejada de la propaganda oficial. Una España a veces oscura y triste, retrasada y alejada de Europa. En él se puede observar cómo el paso del tiempo ha cambiado vestimentas, rostros, pueblos y paisajes. Hace tiempo que no estamos allí, pero volvemos gracias al poder que tiene la fotografía de representar el pasado. Quizás el fotógrafo no se da cuenta de que, en el momento en que acciona el disparador de la cámara, de un móvil, de una tableta, encapsula el pasado. Ya no hay presente, solo pasado.

Hay una greguería de Ramón Gómez de la Serna que se ha quedado grabada en mi mente y que dice así: «Tenía tan mala memoria que se olvidó de que tenía mala memoria y se acordó de todo». Este librito de mis fotografías de los años cincuenta es el testimonio de mis viajes por aquella España ya olvidada y ahora recordada gracias a la fotografía. Y una reflexión: ¡cómo ha cambiado este país!

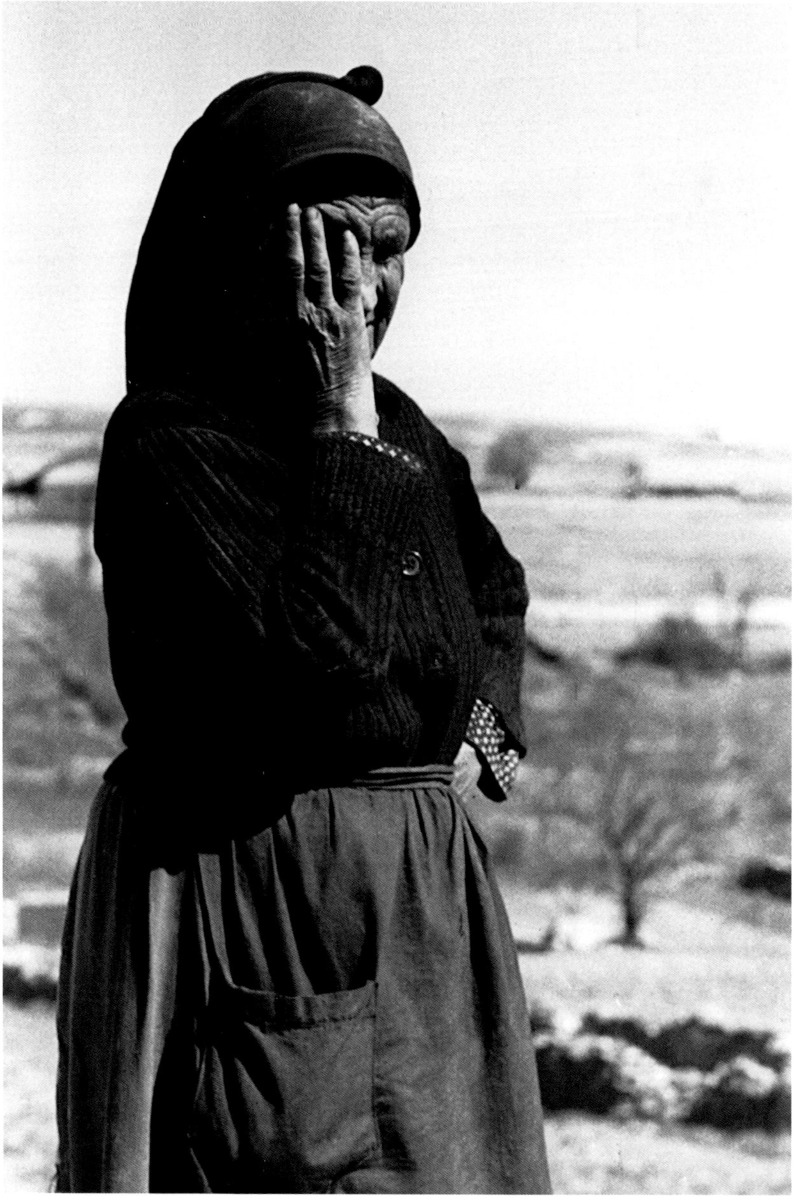

01. Cuenca, 1955

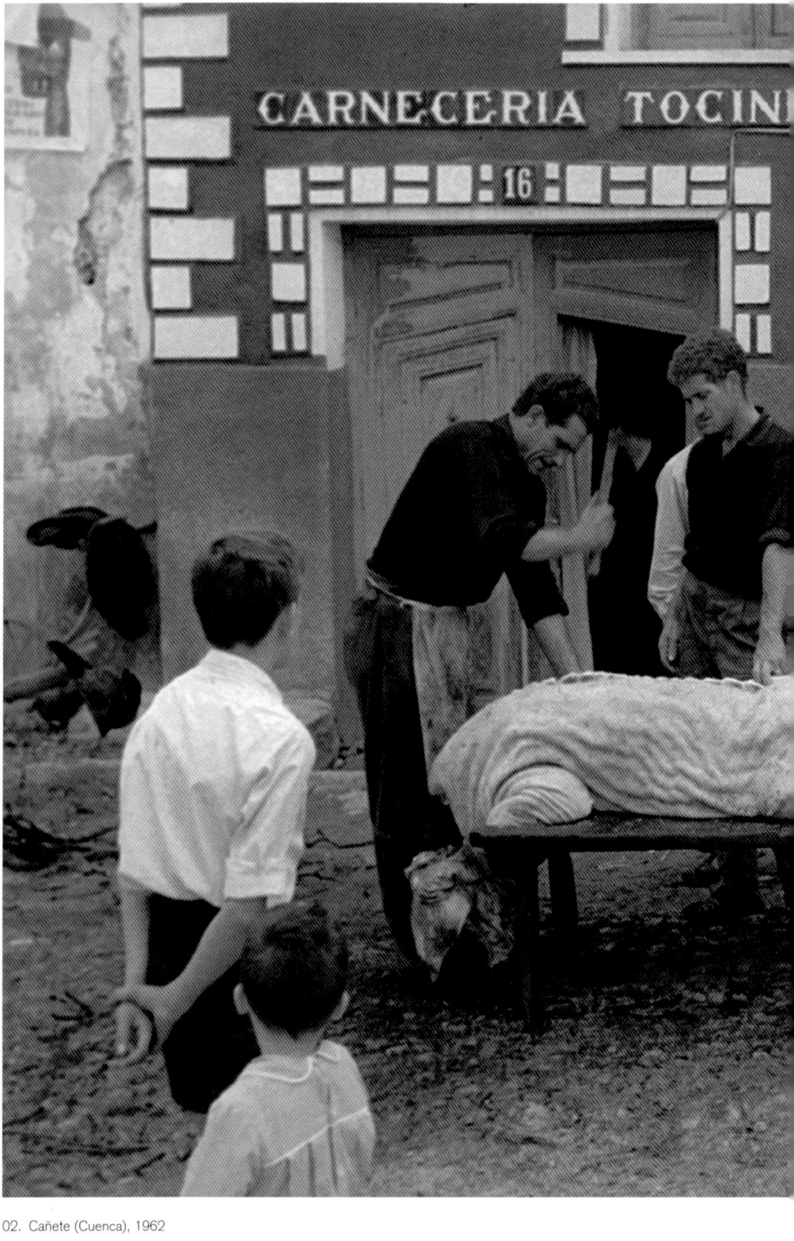

02. Cañete (Cuenca), 1962

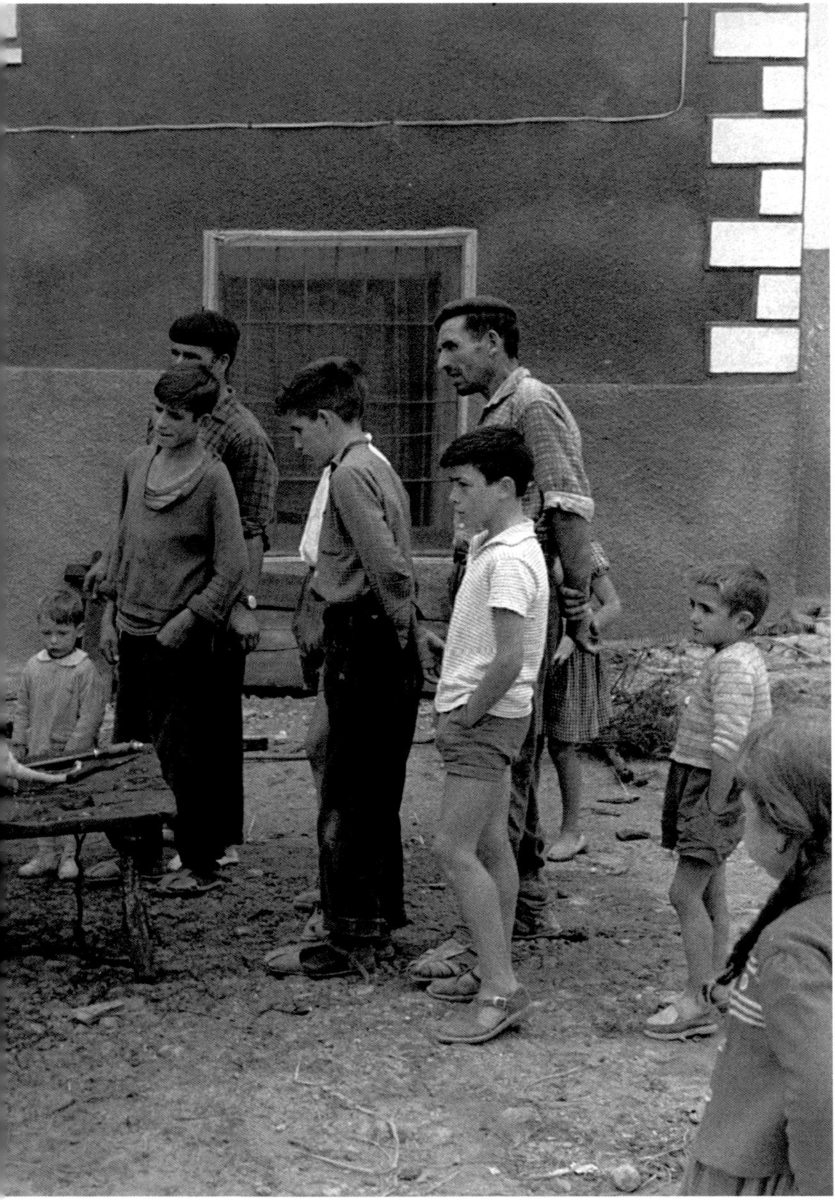

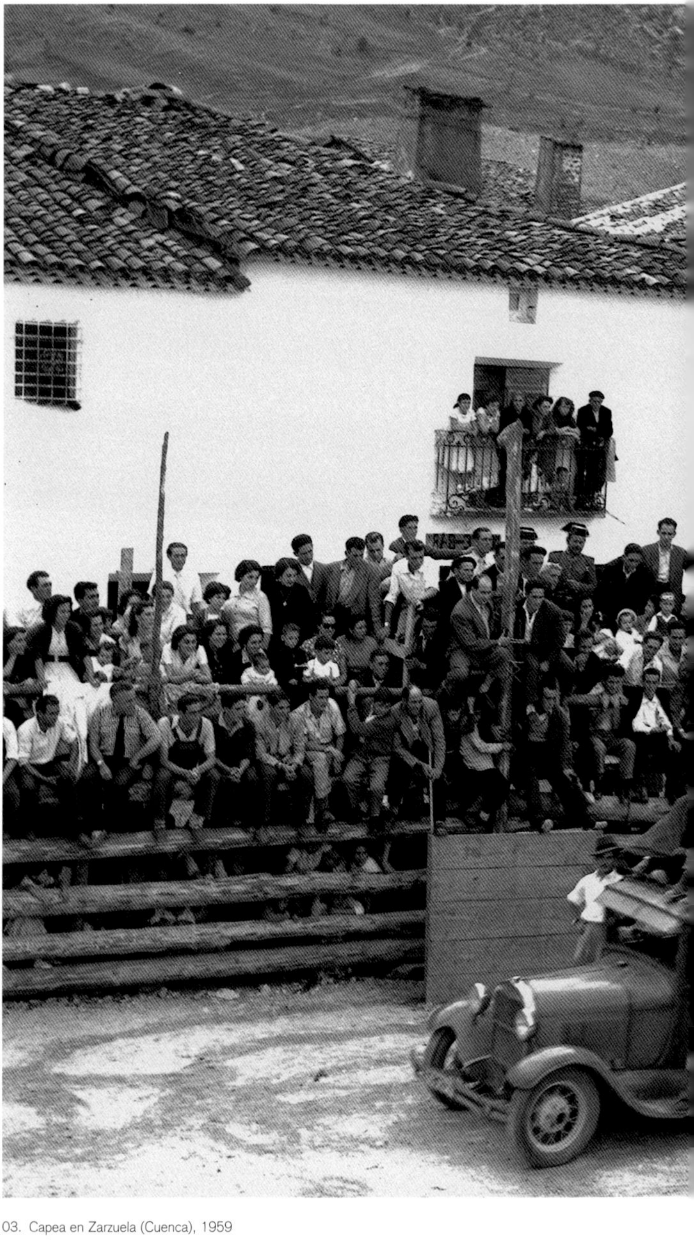

03. Capea en Zarzuela (Cuenca), 1959

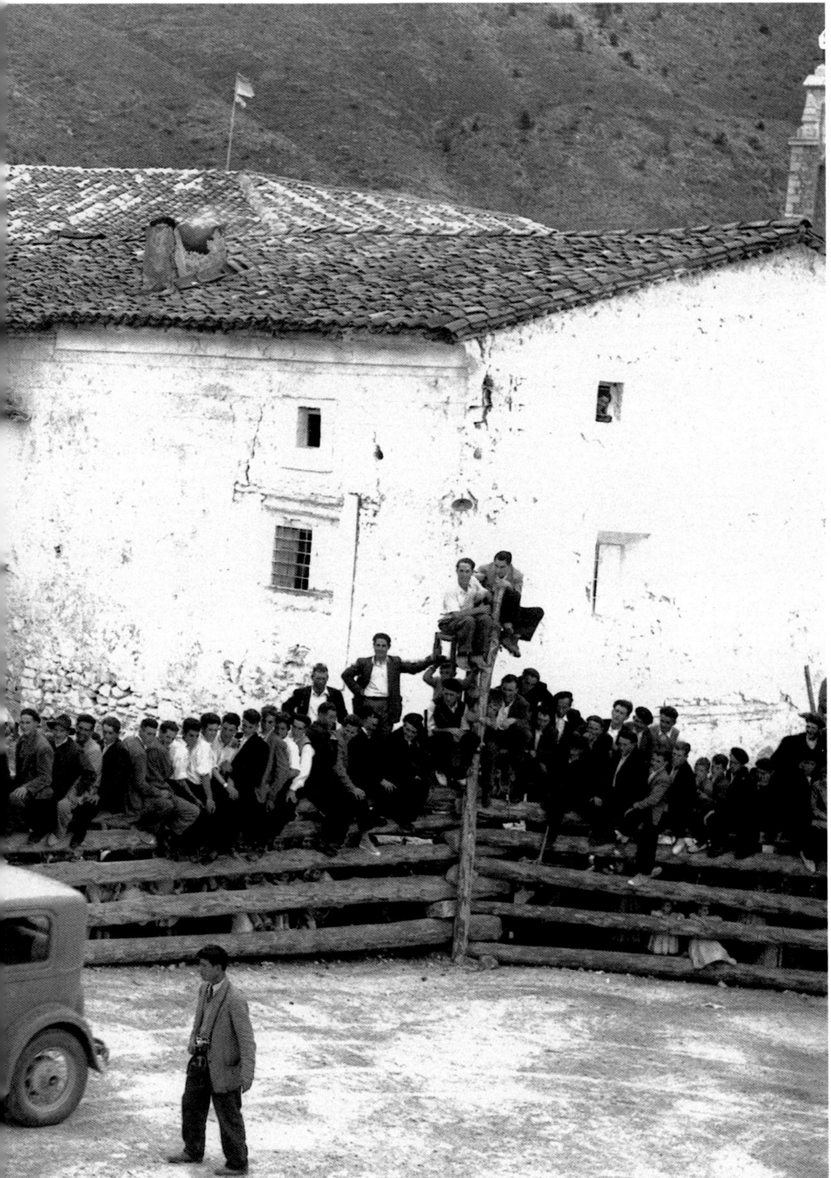

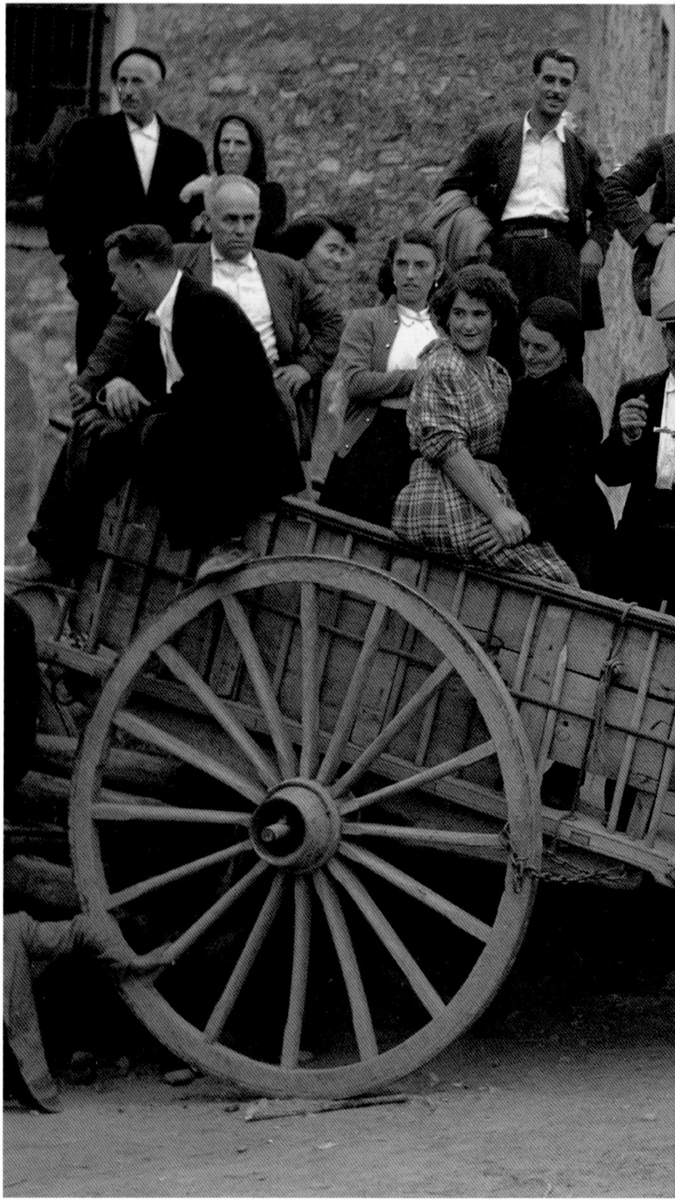

04. Capea en Zarzuela (Cuenca), 1959

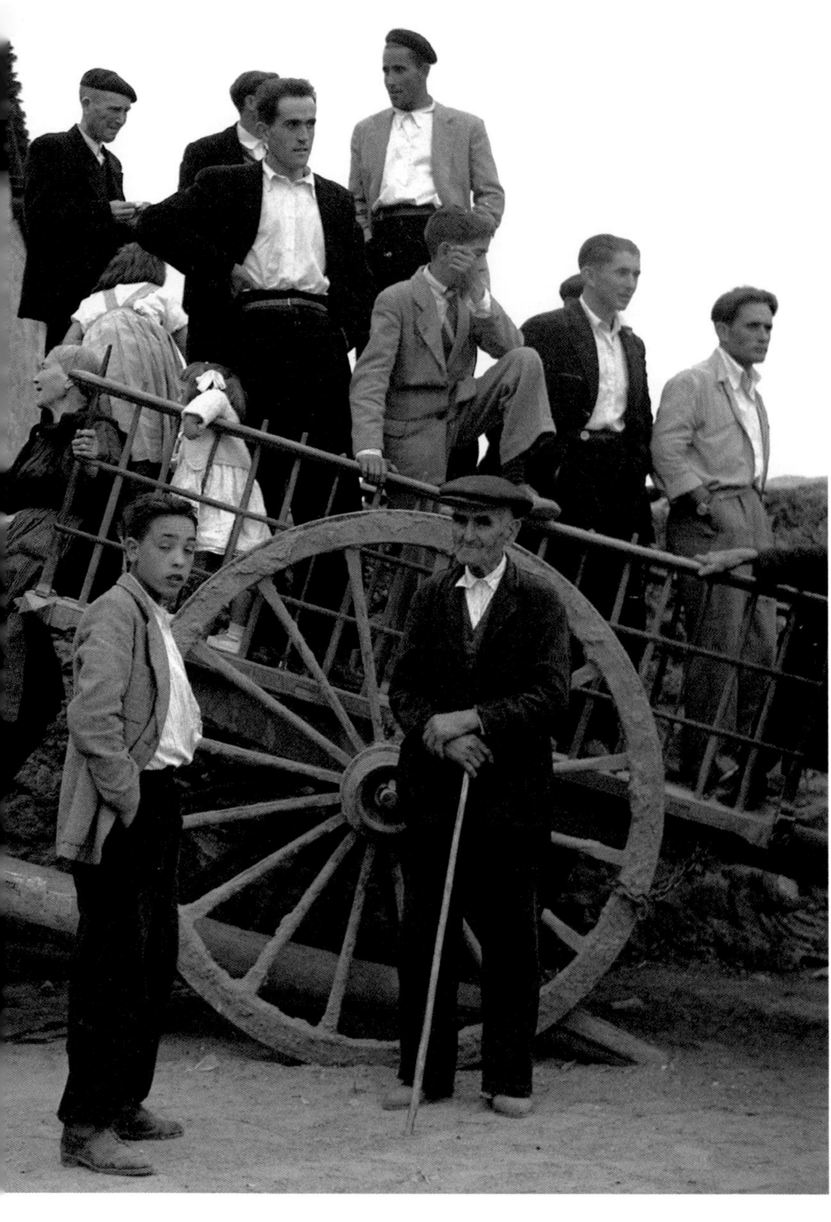

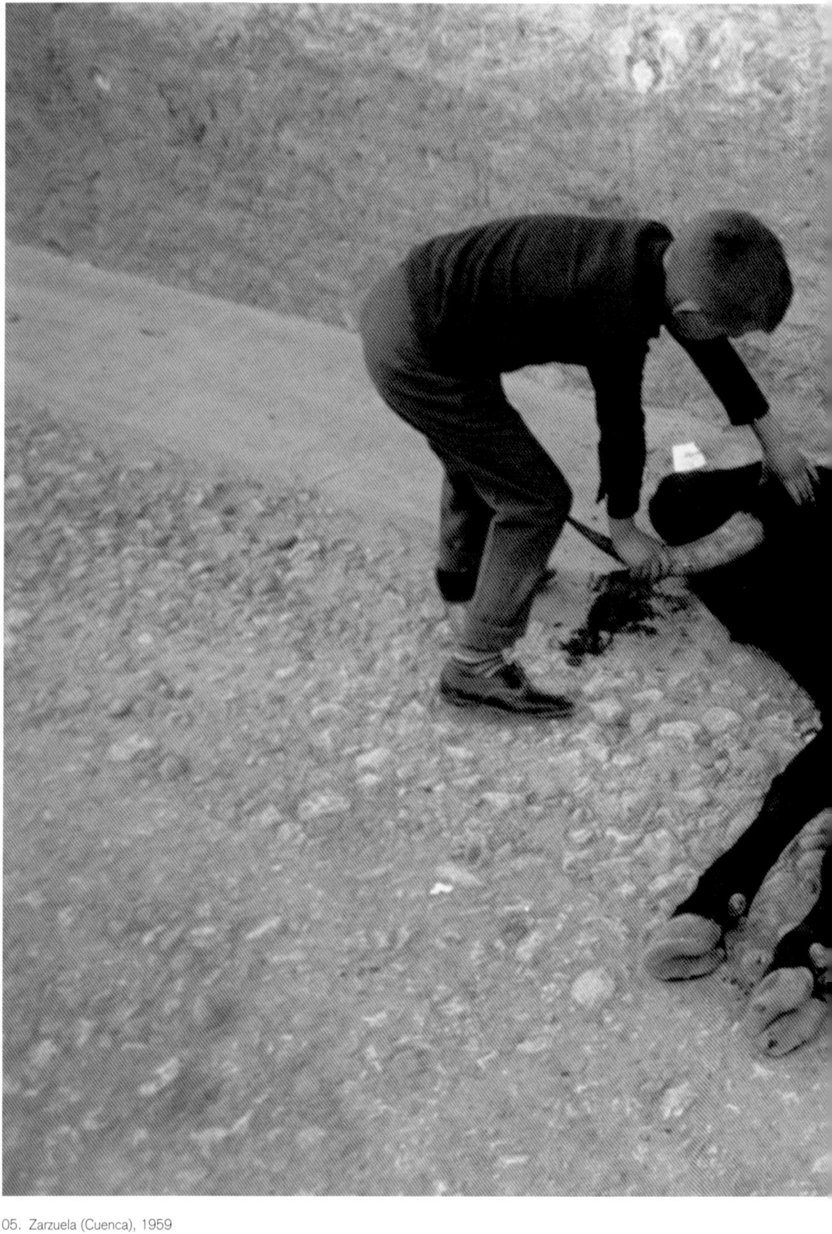

05. Zarzuela (Cuenca), 1959

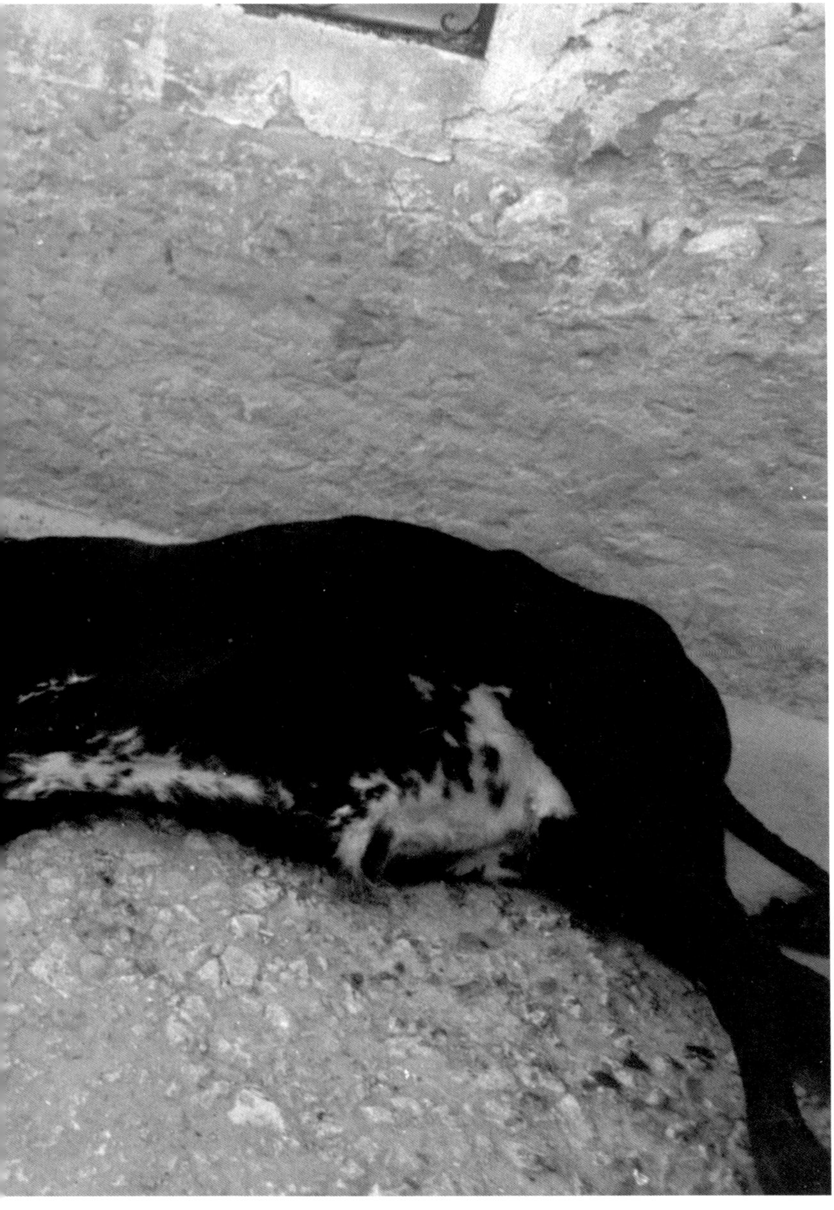

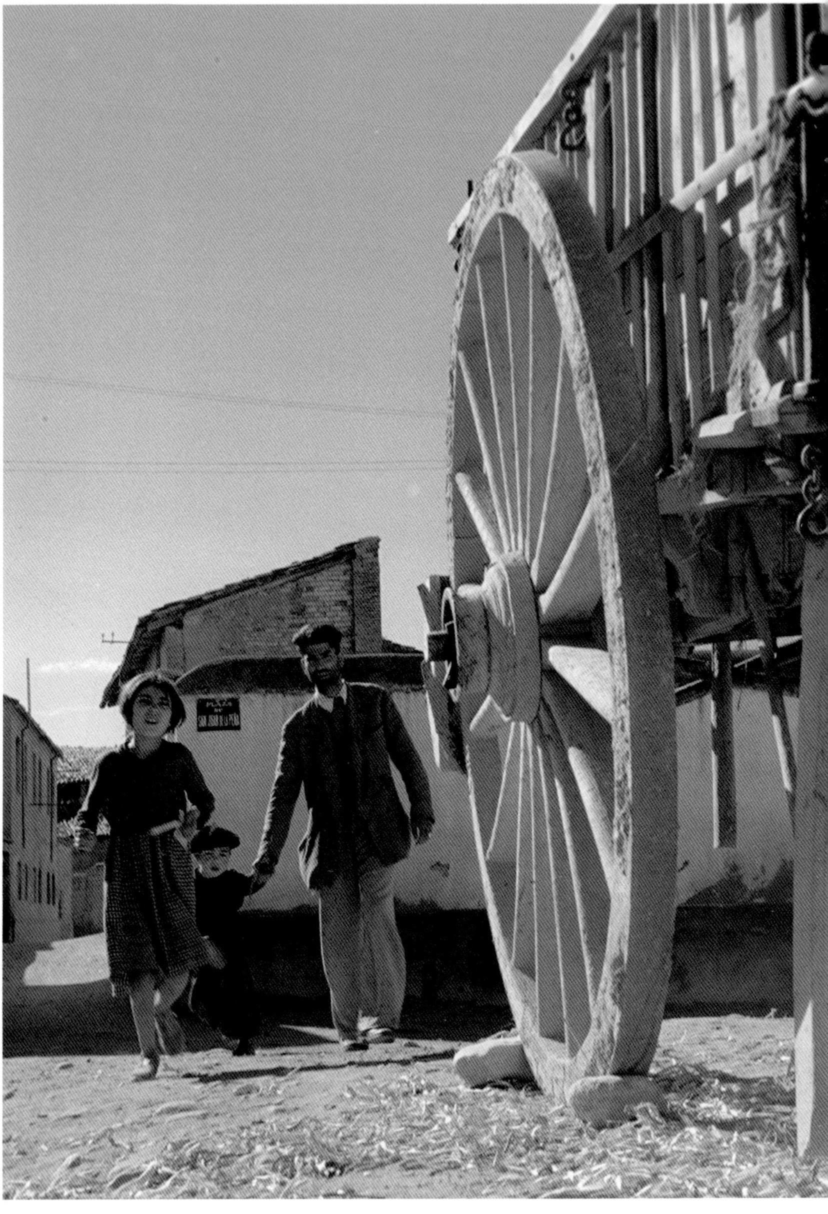

06. Huesca, 1954

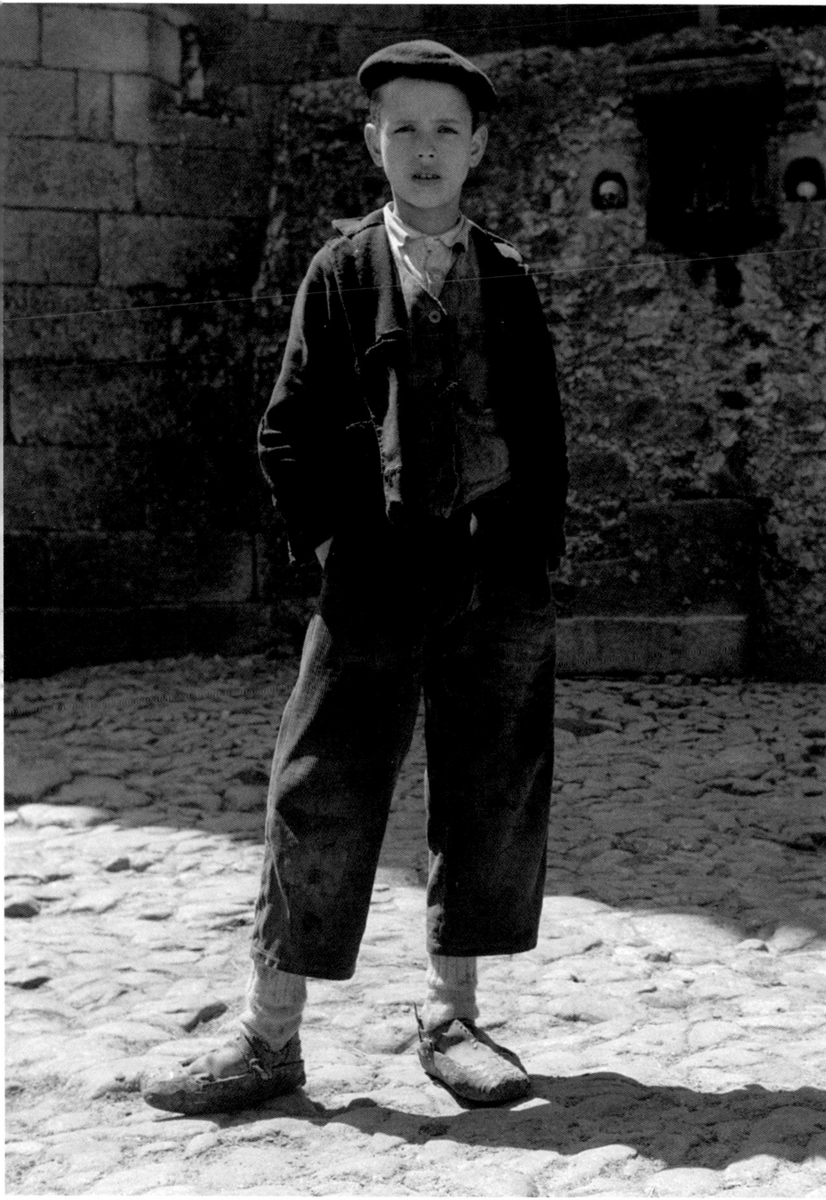

07. Niño charro. La Alberca (Salamanca), 1954

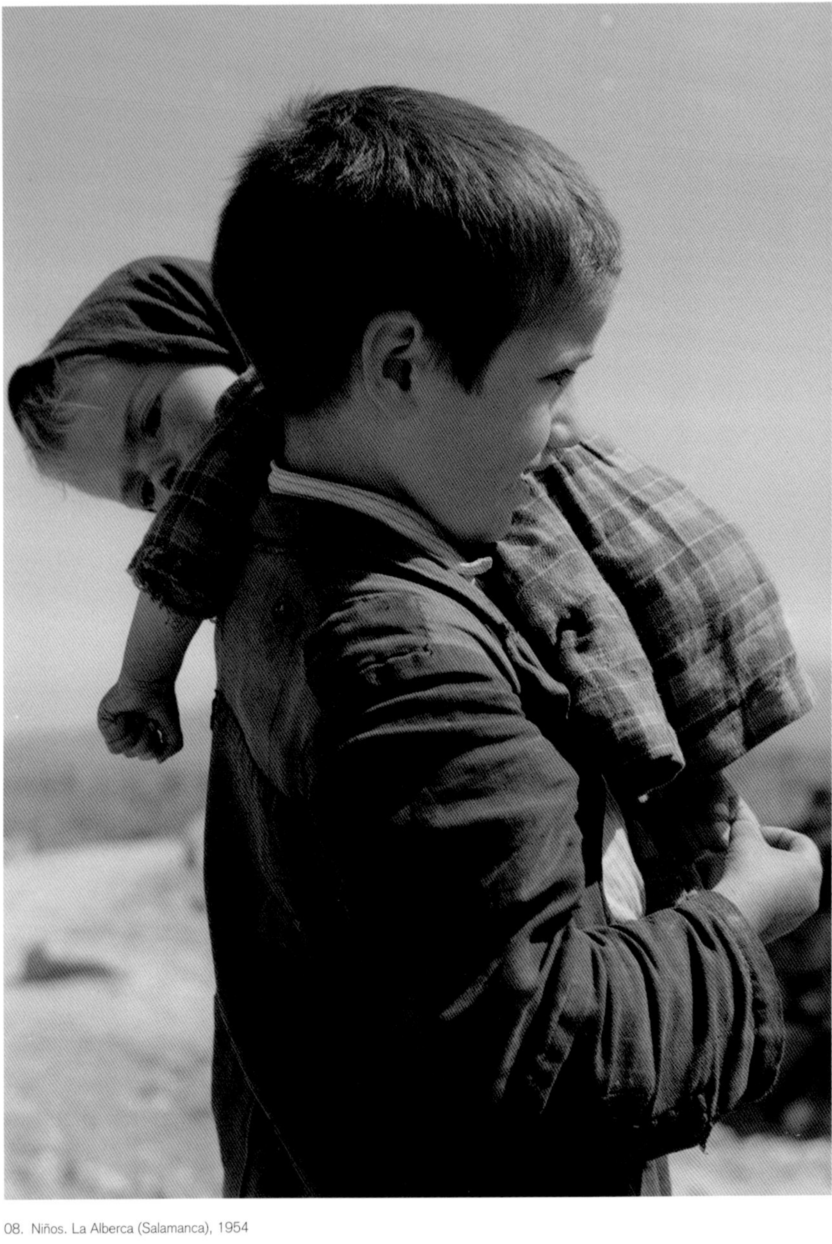

08. Niños. La Alberca (Salamanca), 1954

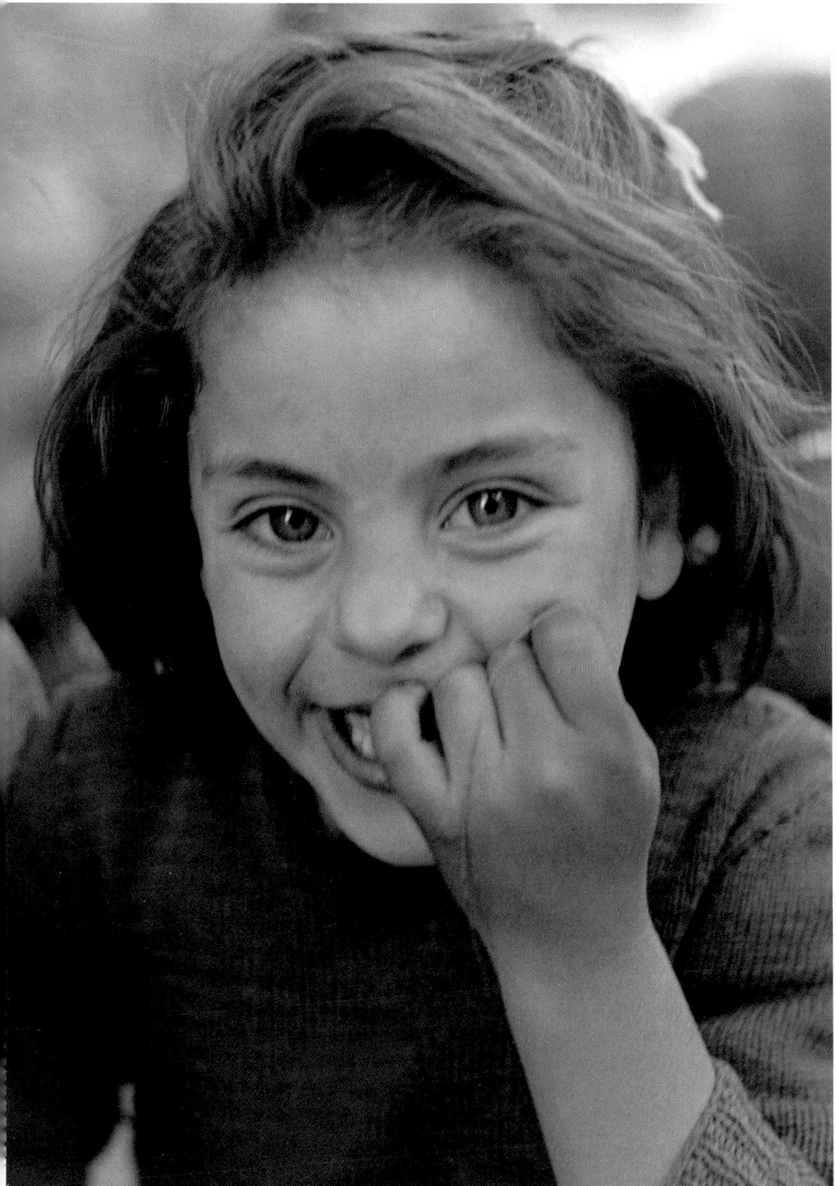

09. Niña. La Alberca (Salamanca), 1954

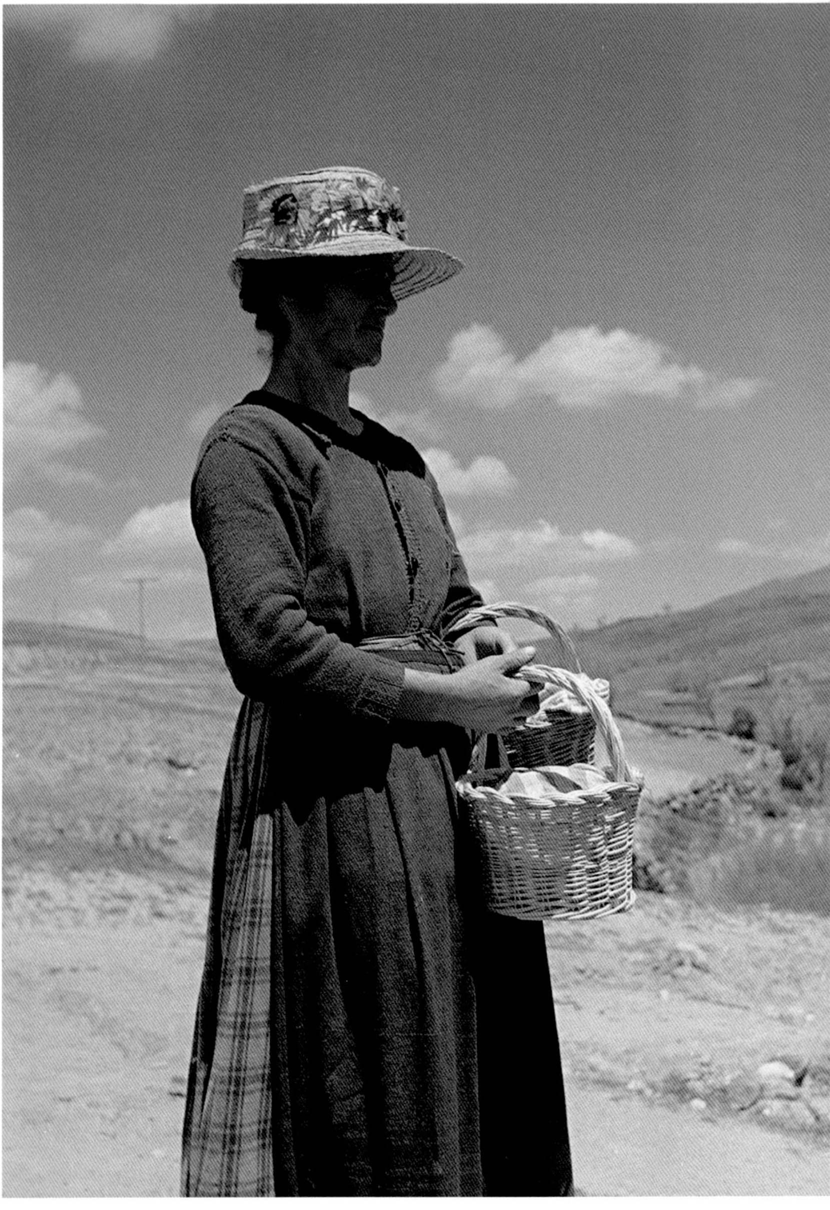

10. Mujer campesina. Ávila, 1954

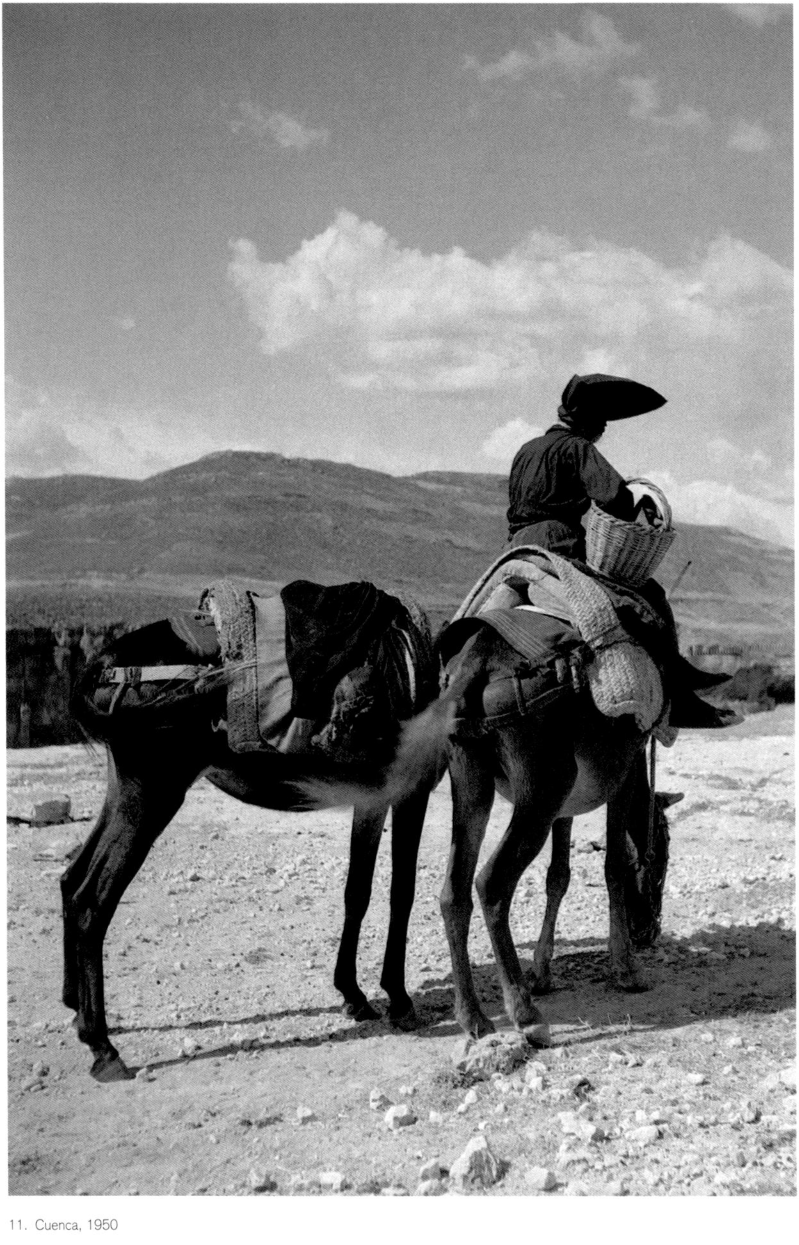

11. Cuenca, 1950

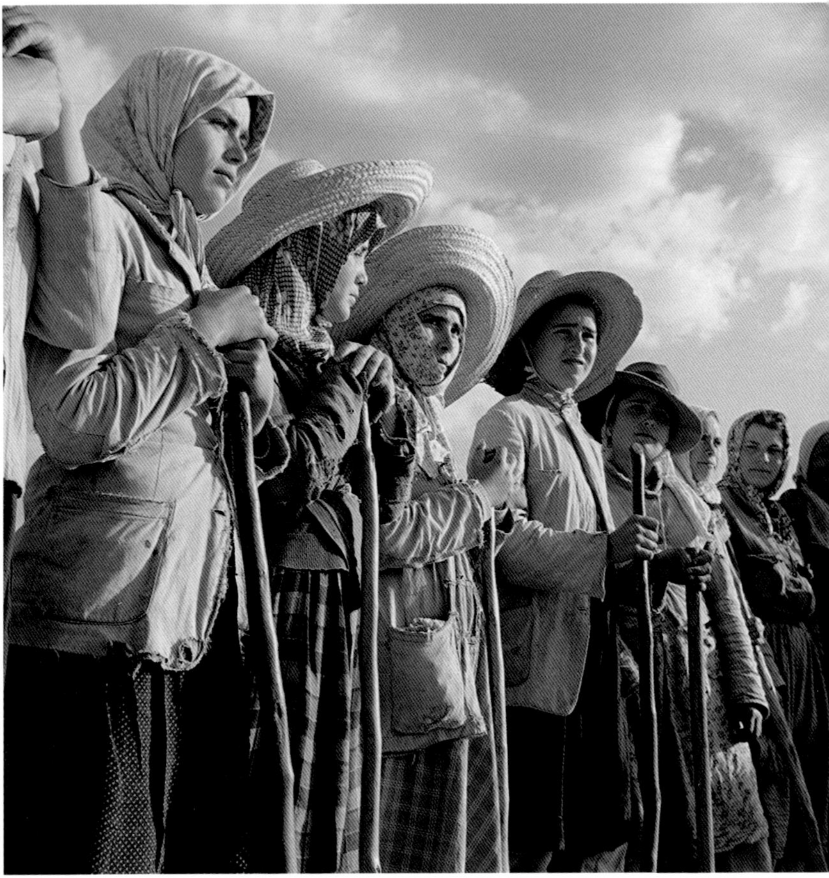

12. Segadoras. Sevilla, 1955

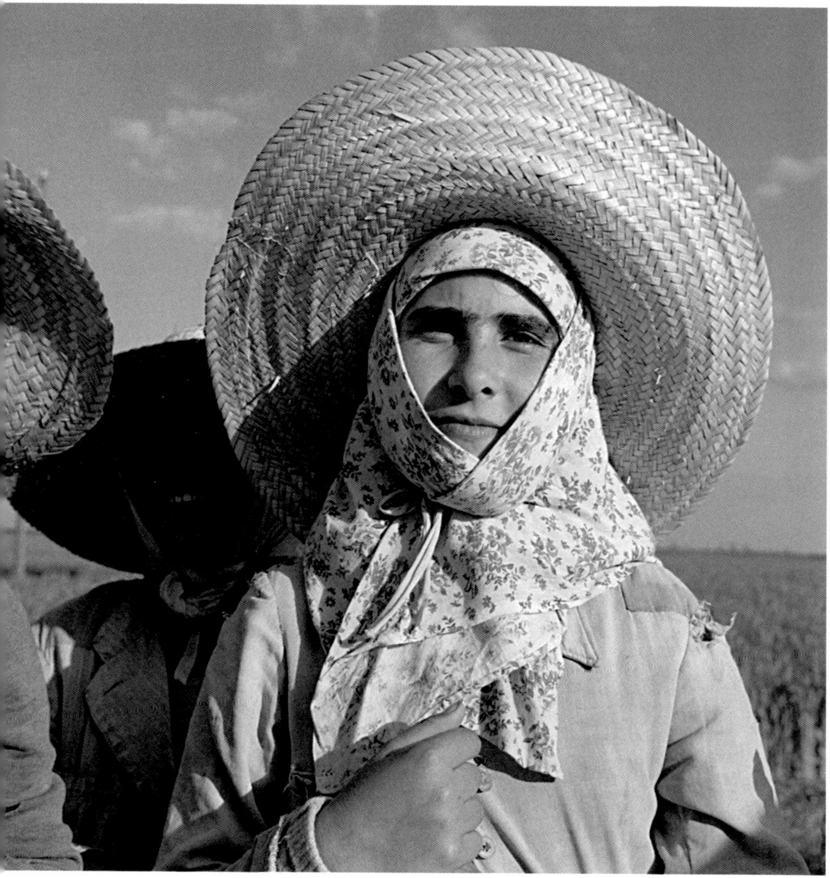

3. Segadoras. Sevilla, 1955

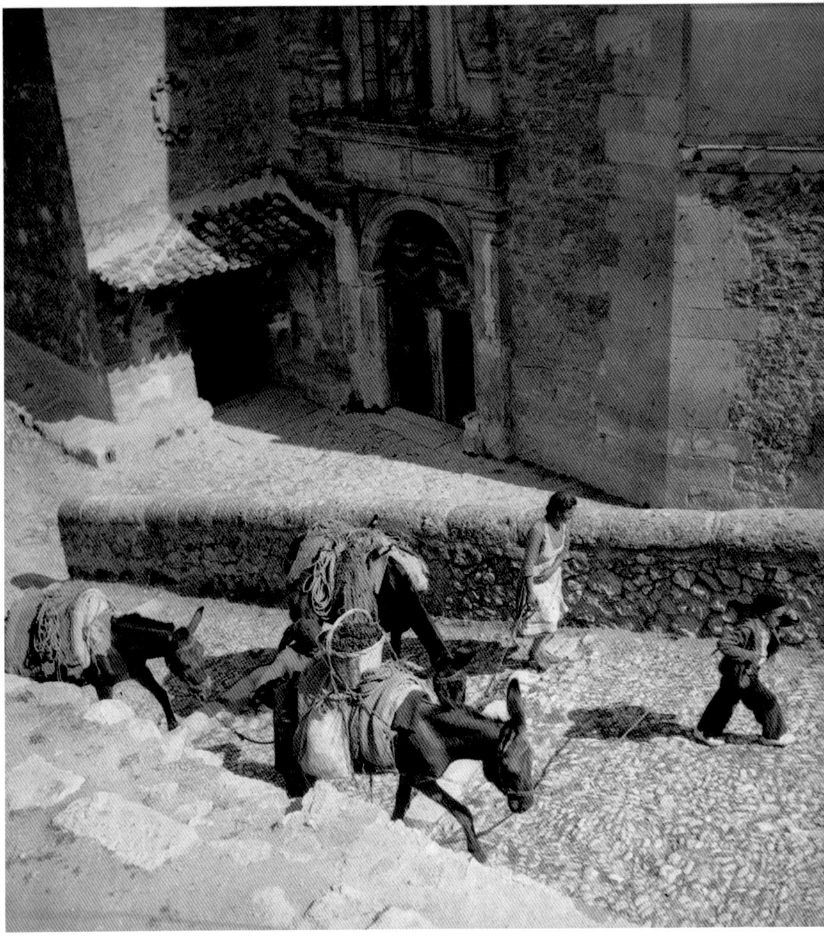

14. Cuenca, 1952

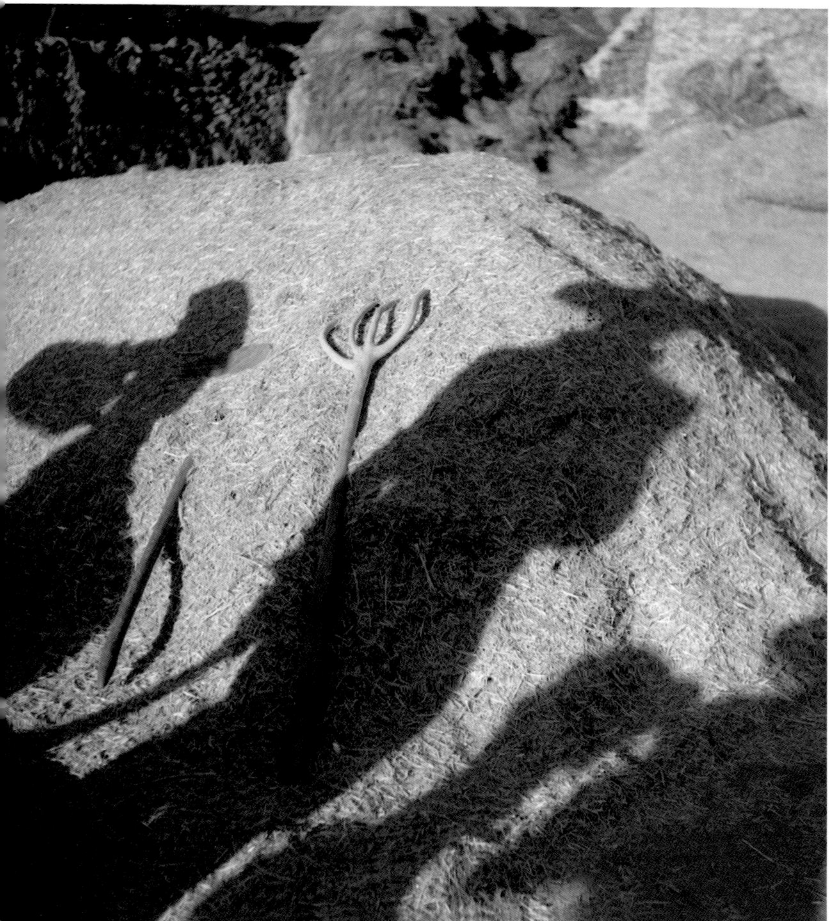

5. Sombras en la trilla. Cuenca, 1952

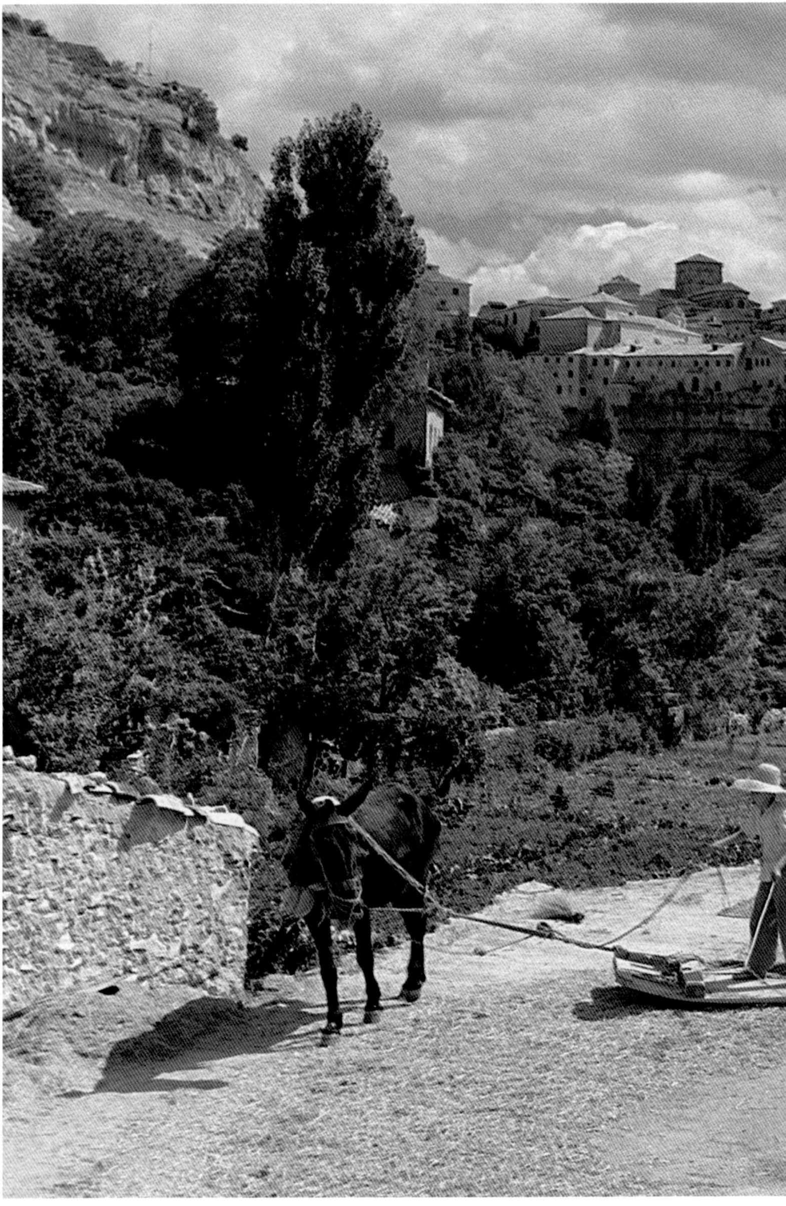

16. Trilla. Cuenca, 1951

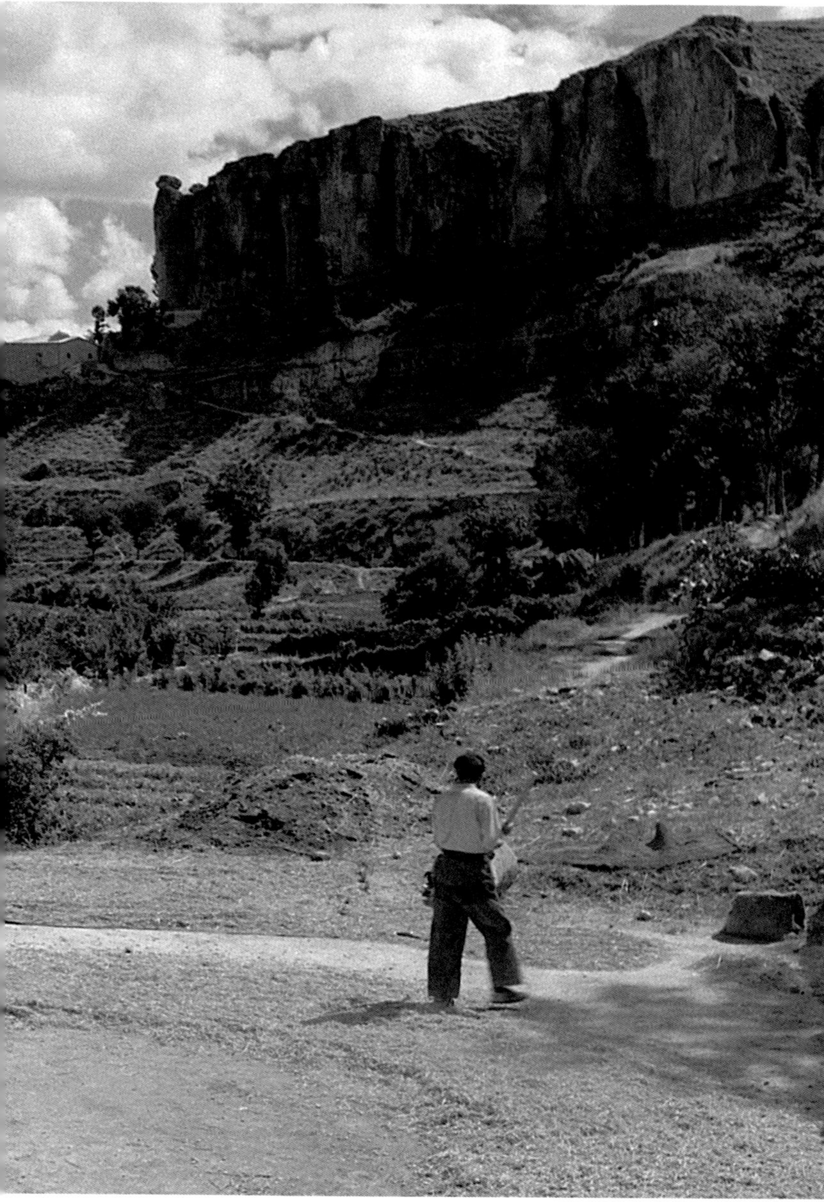

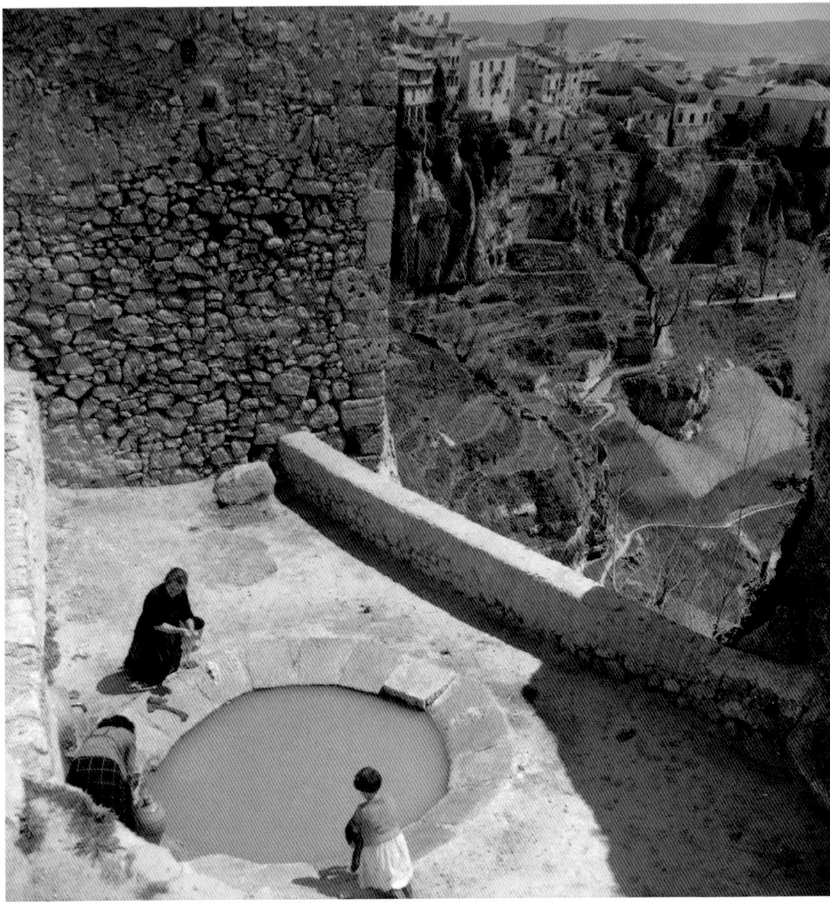

17. Vista de Cuenca, 1954

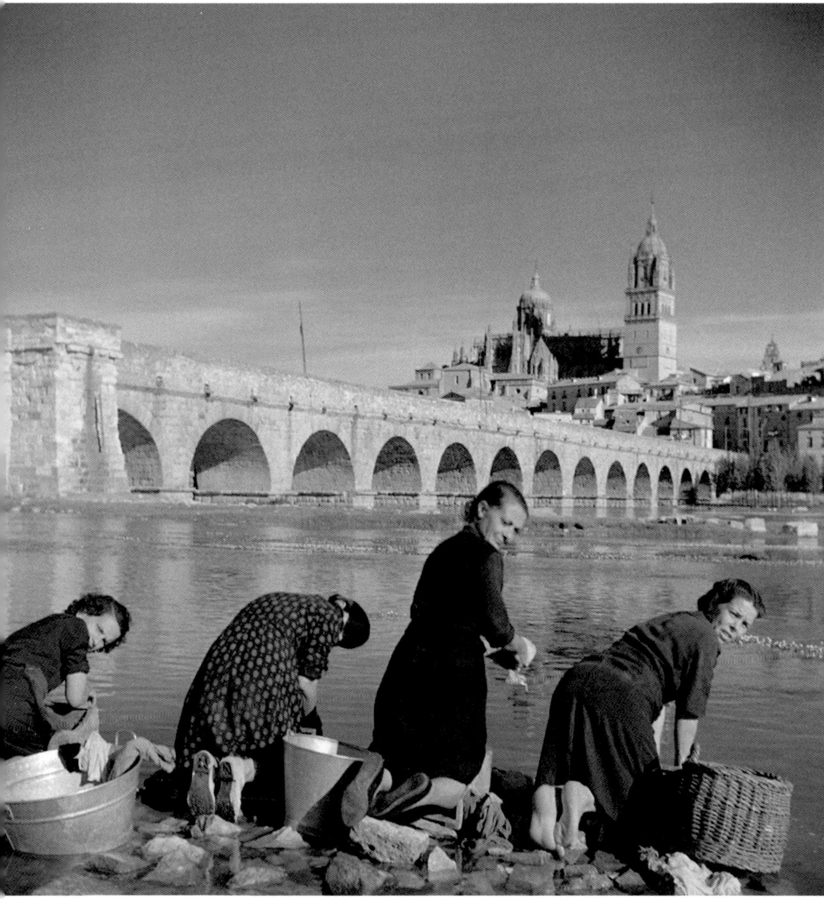

18. Lavanderas en el Tormes. Salamanca, 1955

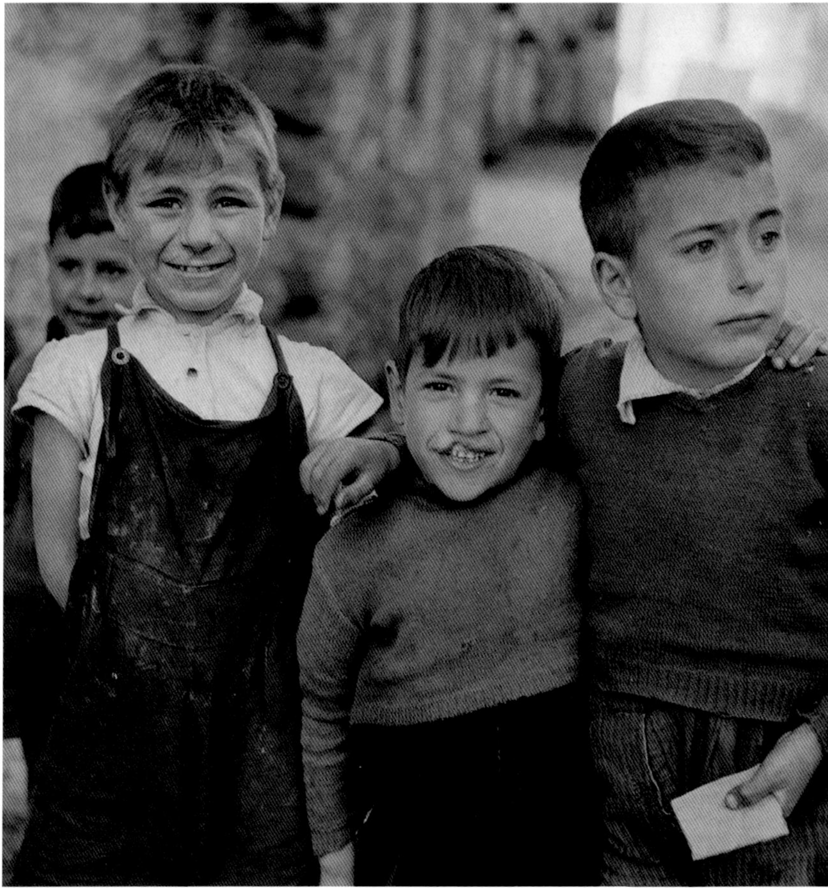

19. Niños. La Alberca (Salamanca), 1954

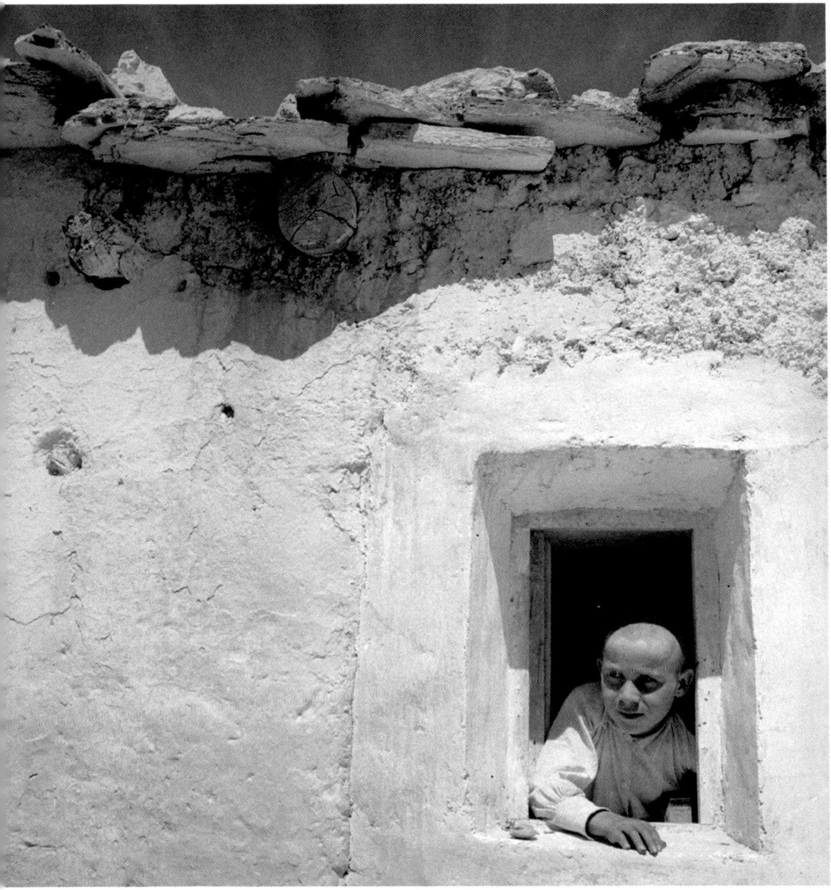

20. La Alpujarra, Granada, 1953

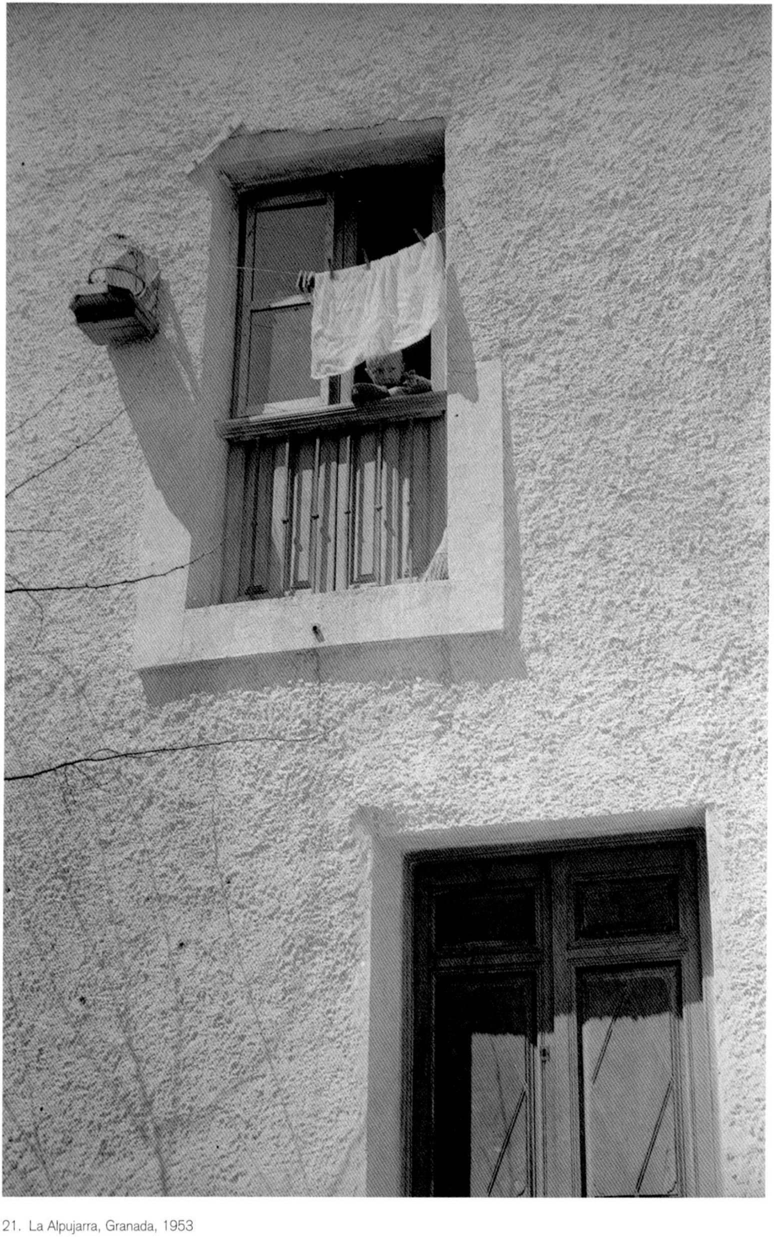

21. La Alpujarra, Granada, 1953

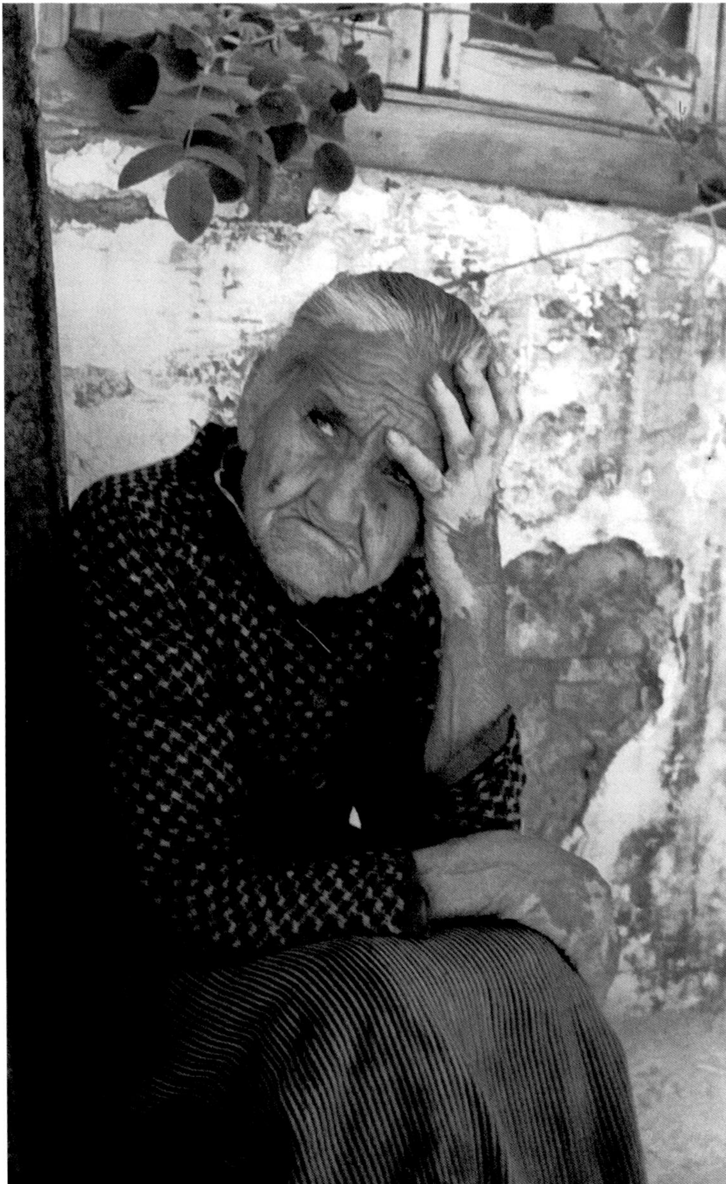

22. Andalucía, 1955

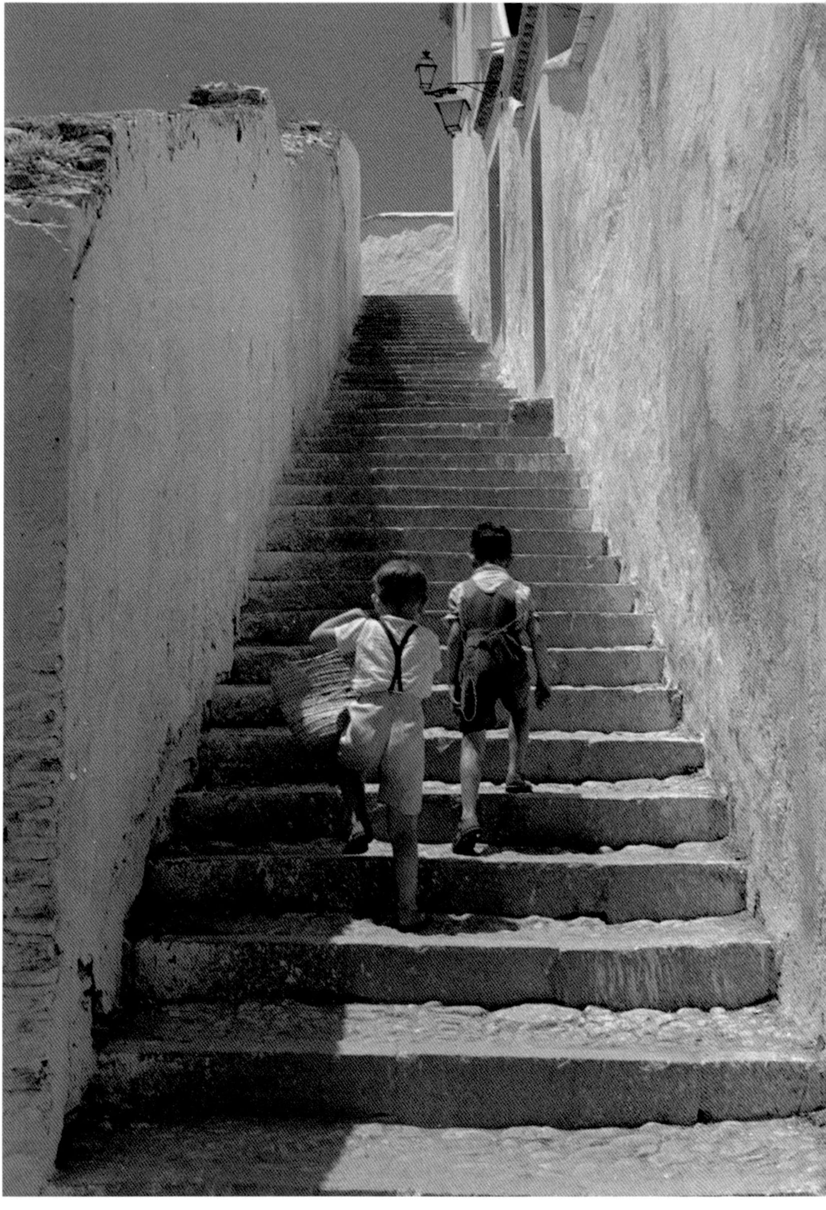

23. Niños en una escalera. Granada, 1955

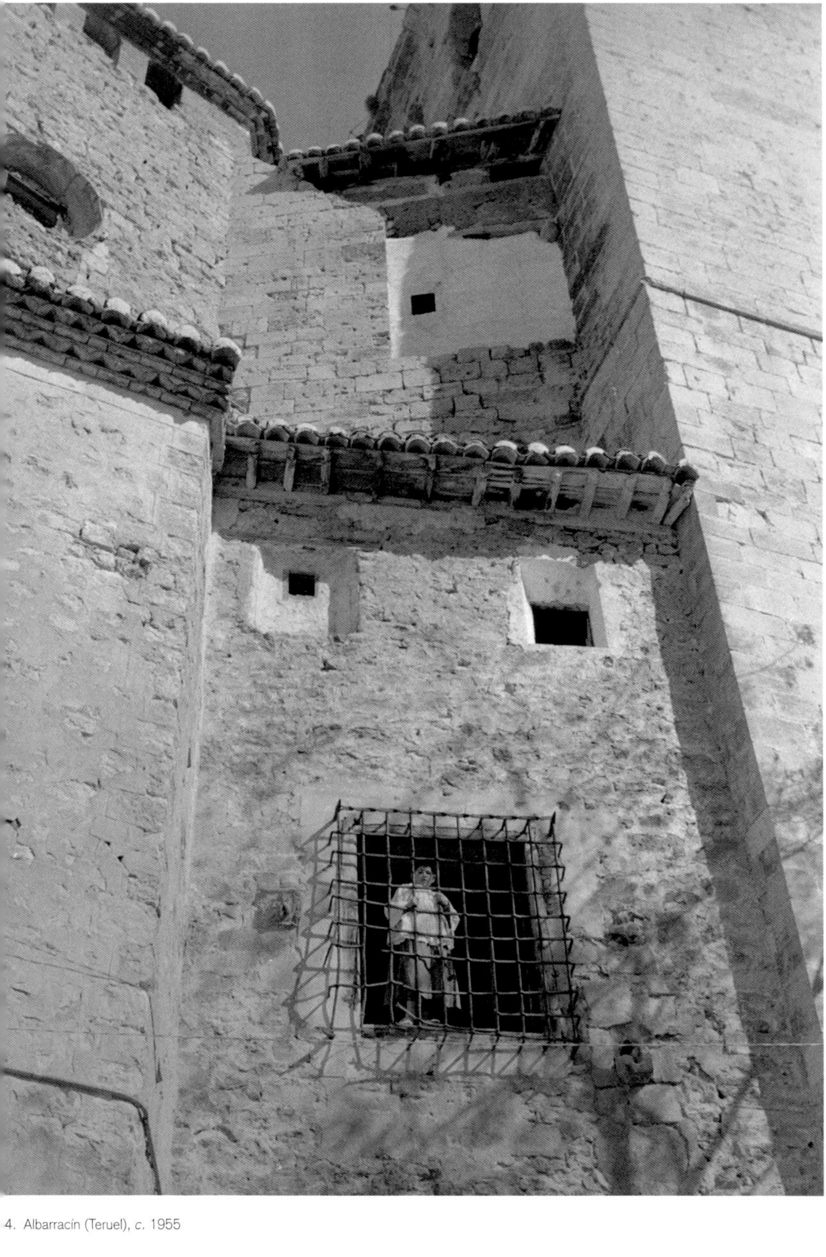

4. Albarracín (Teruel), *c.* 1955

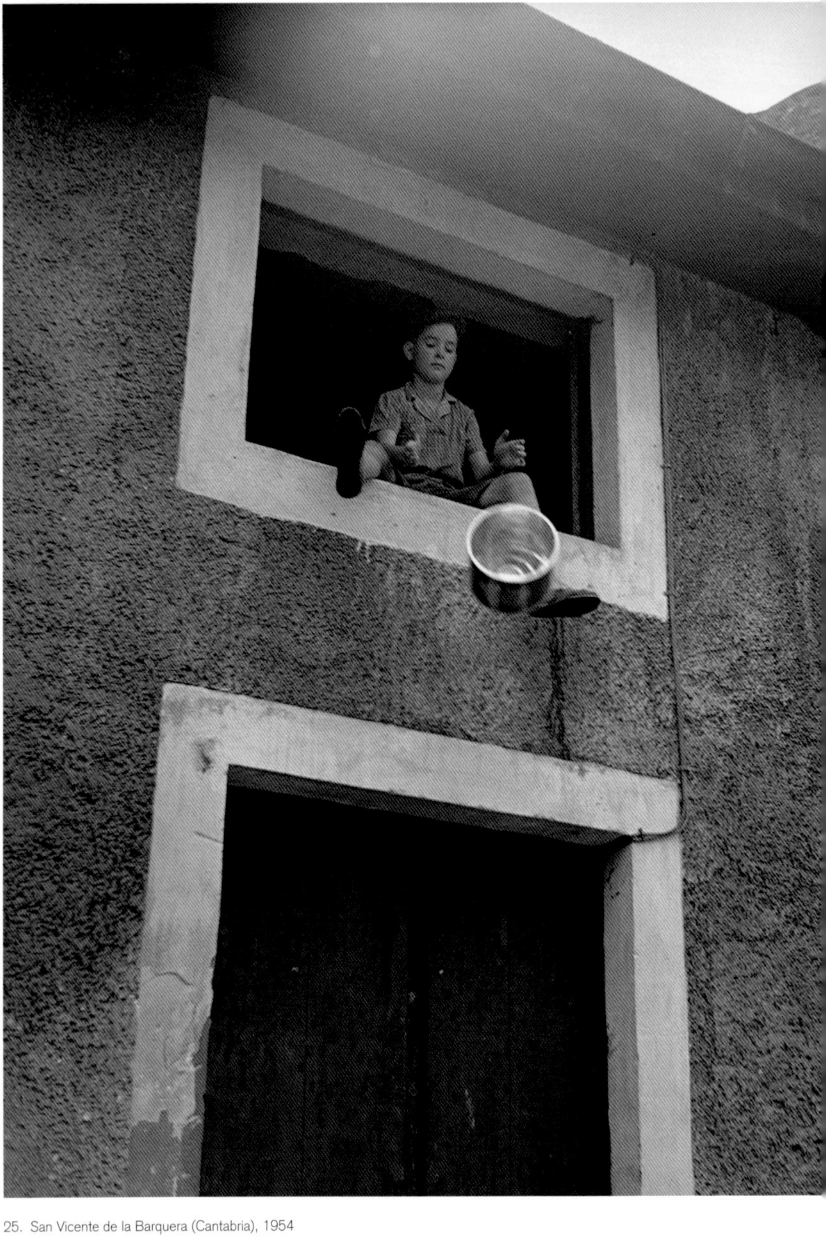

25. San Vicente de la Barquera (Cantabria), 1954

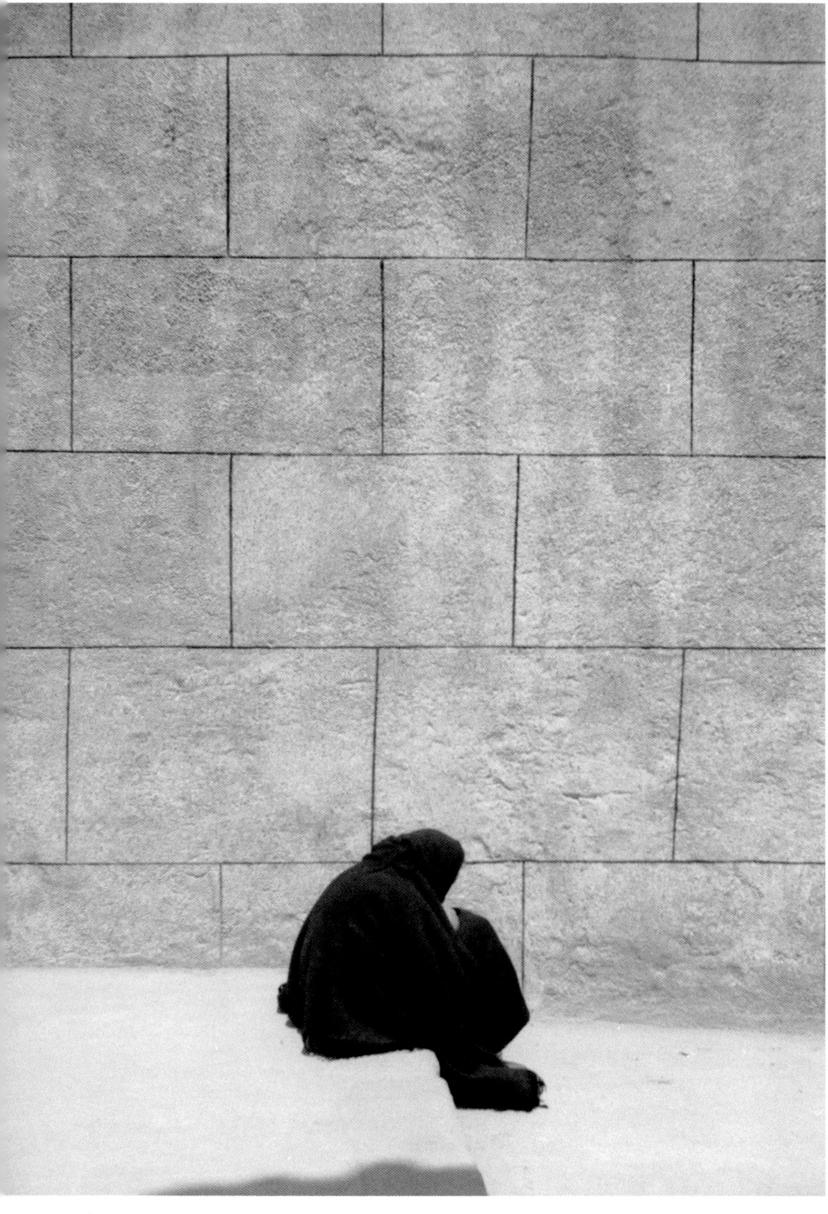

6. Rincón de Ávila, 1955

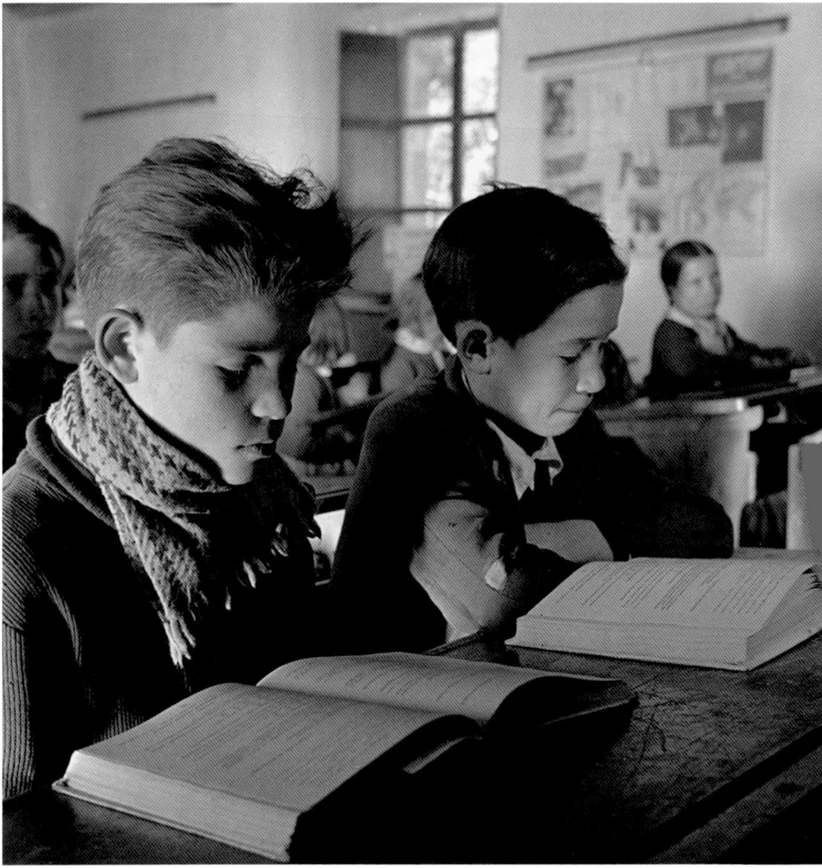

27. Niños en la escuela. Comarca de Sanabria, Zamora, 1955

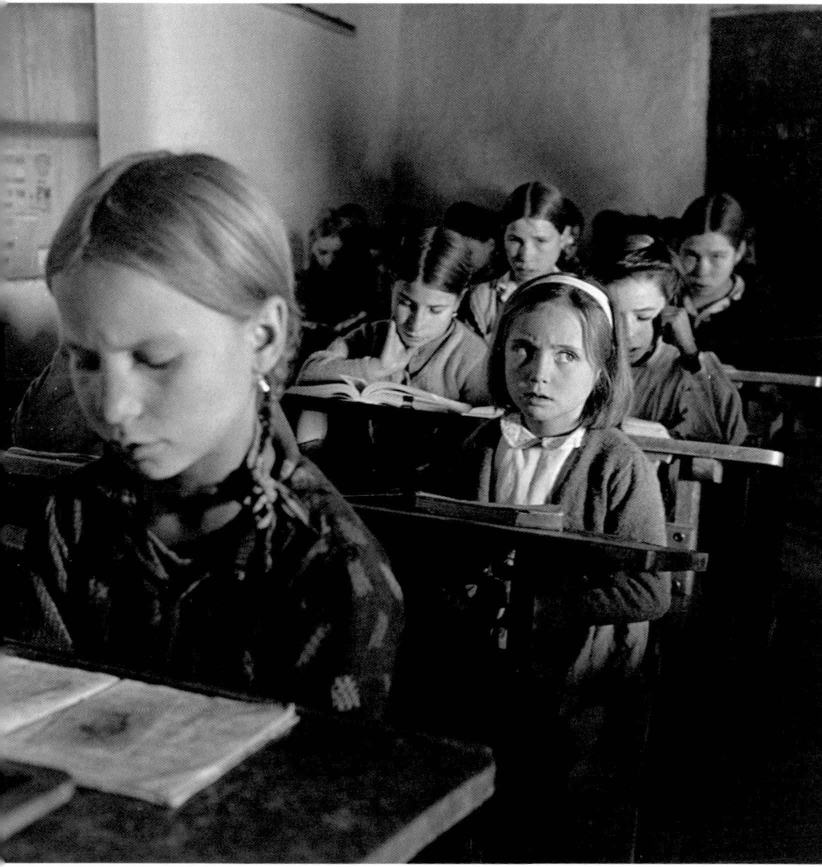

28. Niños en la escuela. Comarca de Sanabria, Zamora, 1955

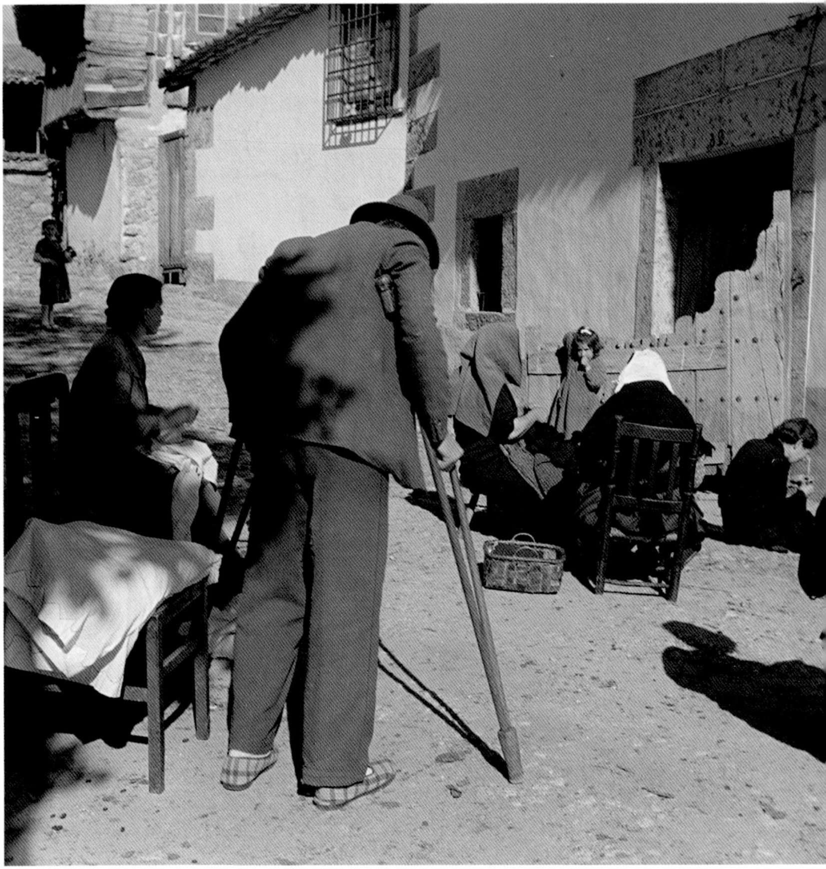

29. Tipos. Candelario (Salamanca), 1954

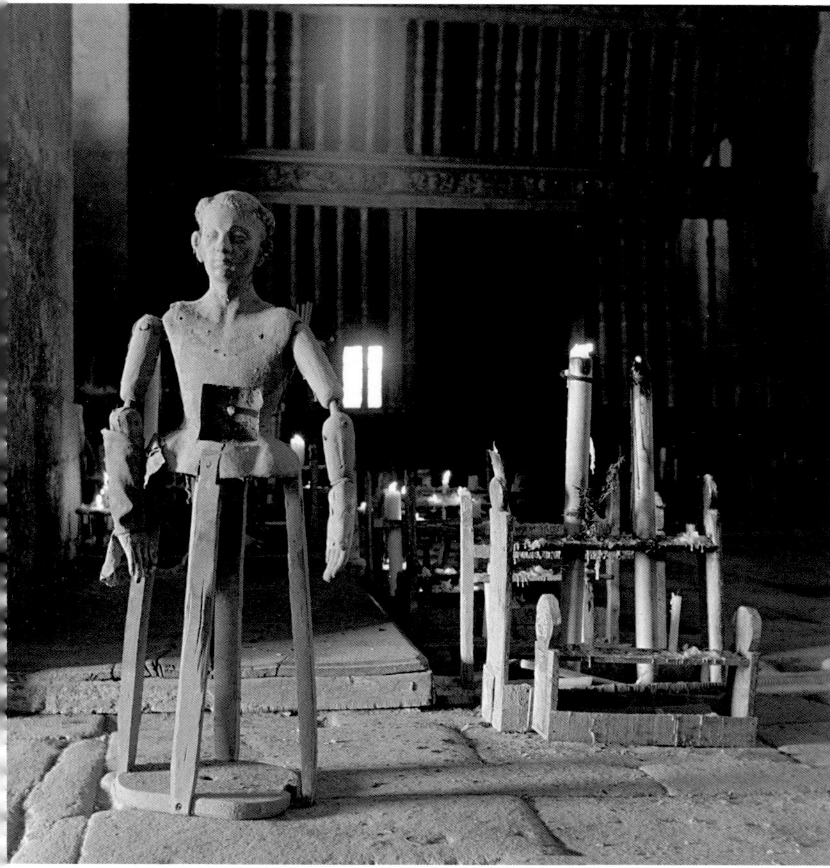

30. Interior de la iglesia de San Martín de Castañeda. Comarca de Sanabria, Zamora, 1955

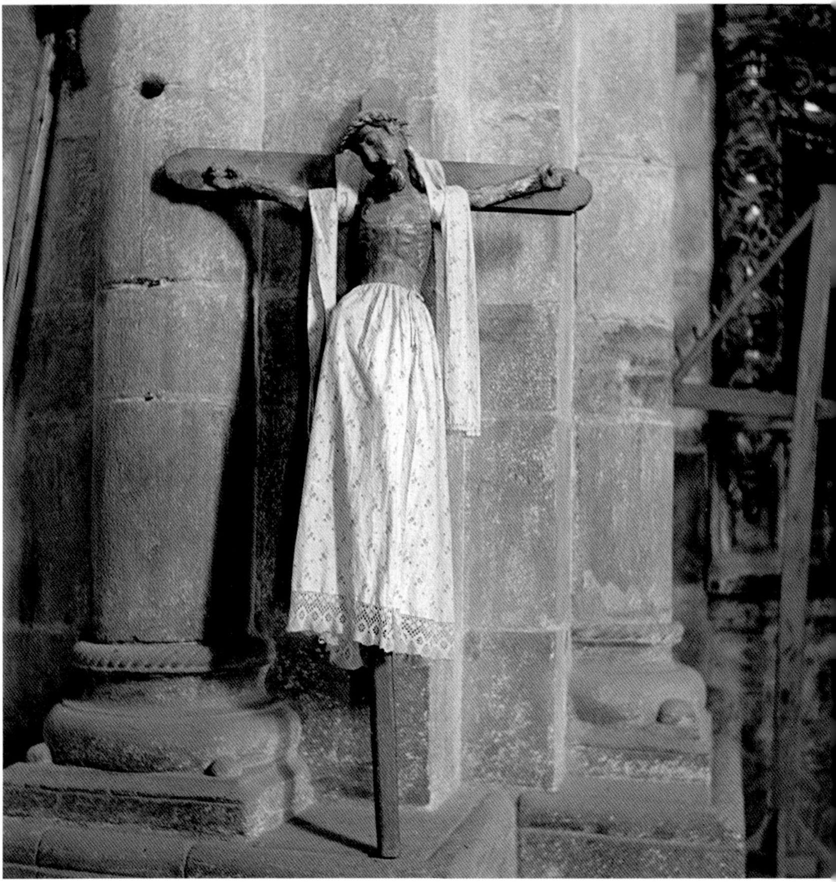

31. Interior de la iglesia de San Martín de Castañeda. Comarca de Sanabria, Zamora, 1955

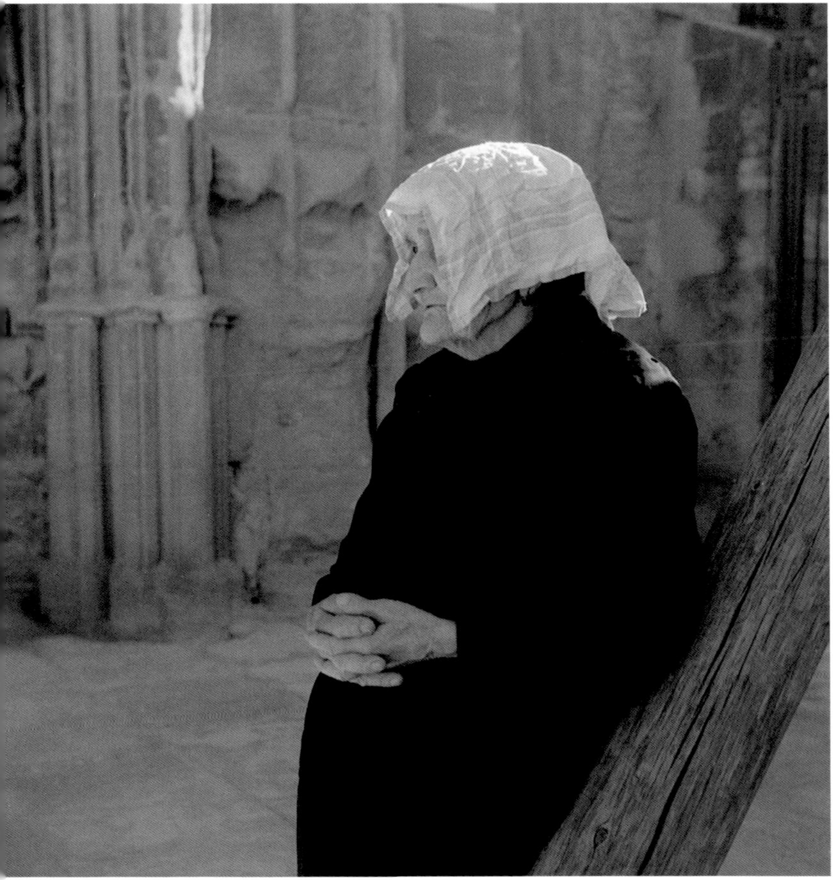

32. Huesca, 1954

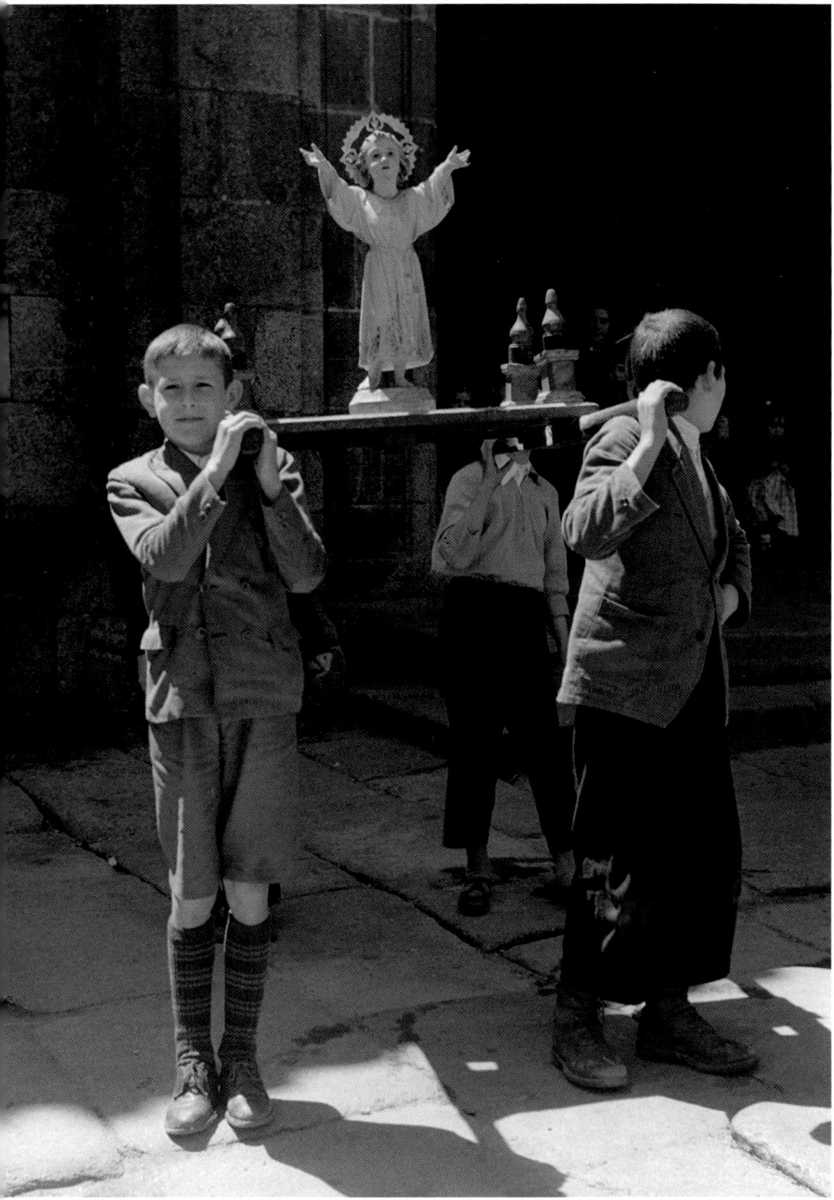

33. Niños en procesión. La Alberca (Salamanca), 1954

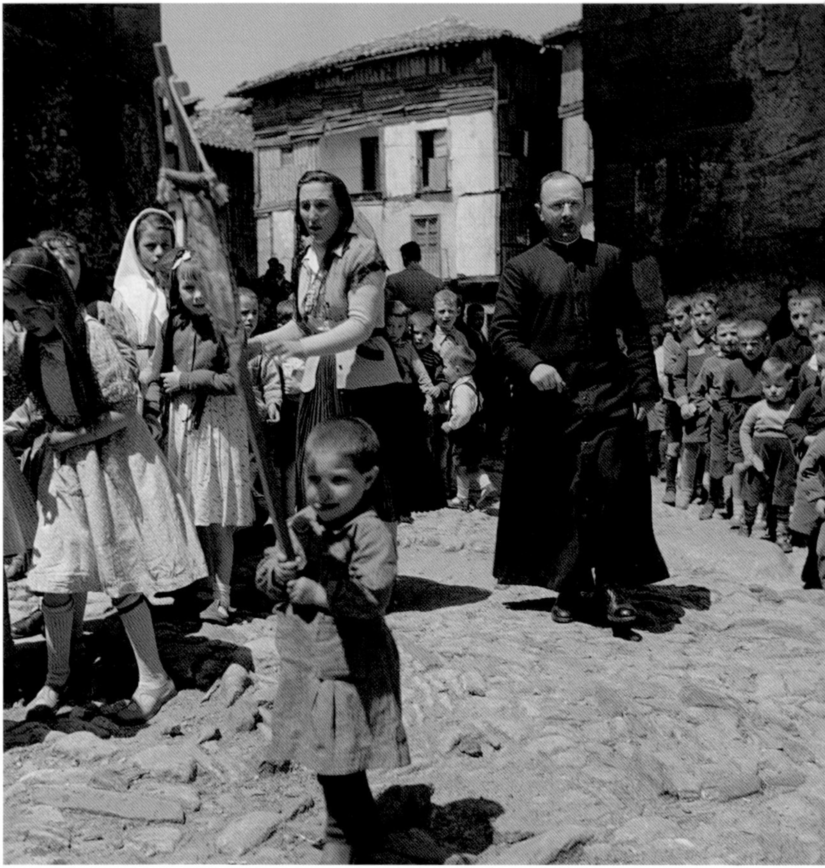

34. Niños en procesión. La Alberca (Salamanca), 1954

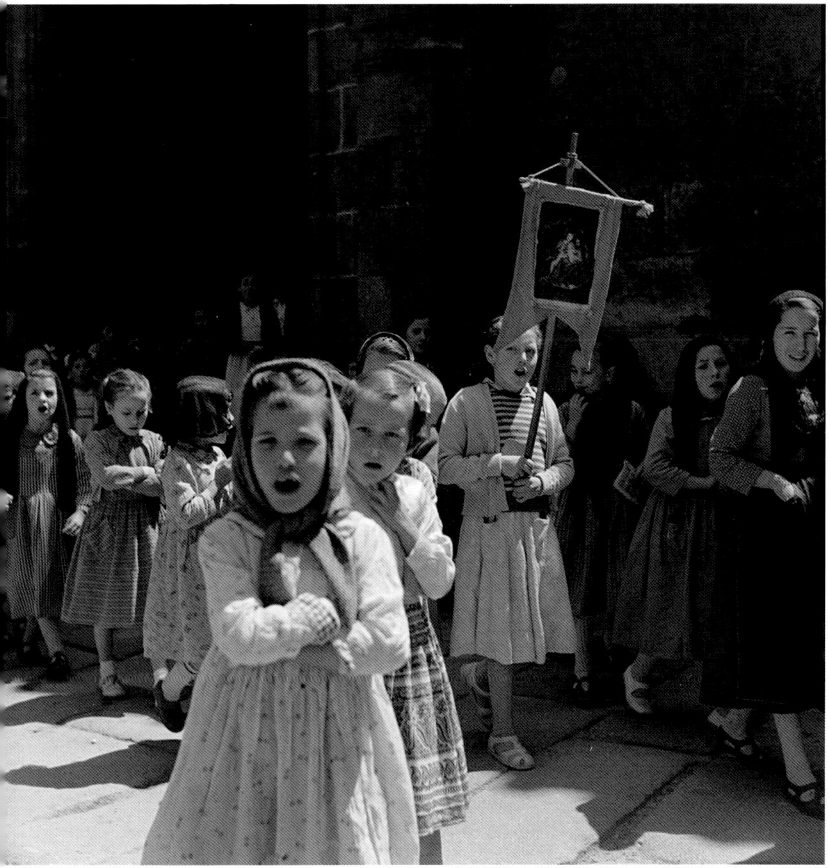

5. Niños en procesión. La Alberca (Salamanca), 1954

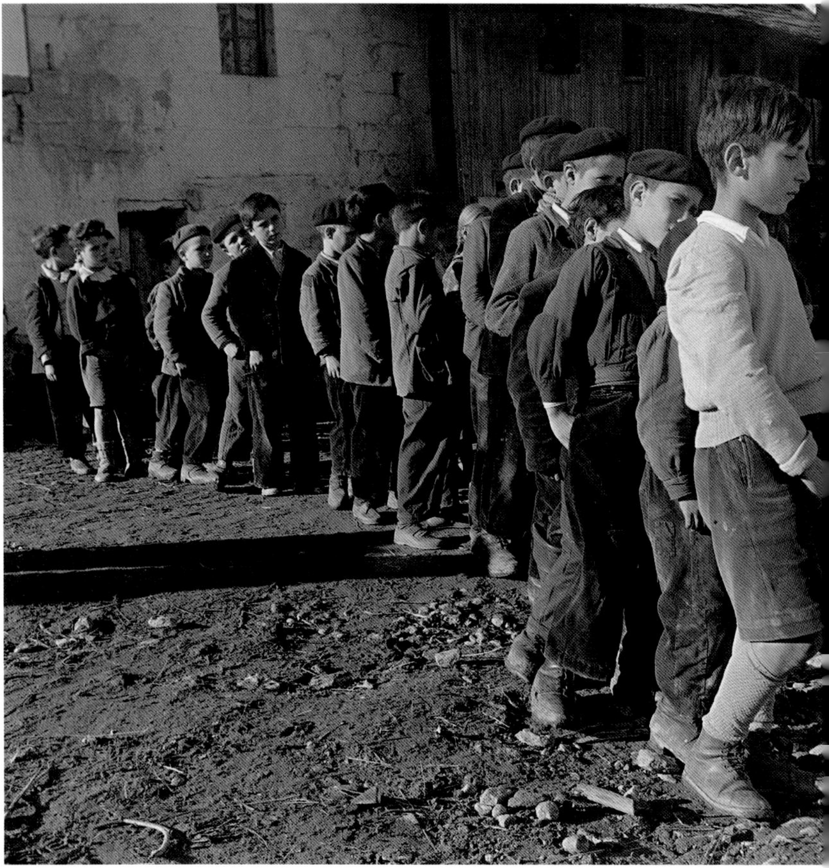

36. Niños. Comarca de Sanabria, Zamora, 1956

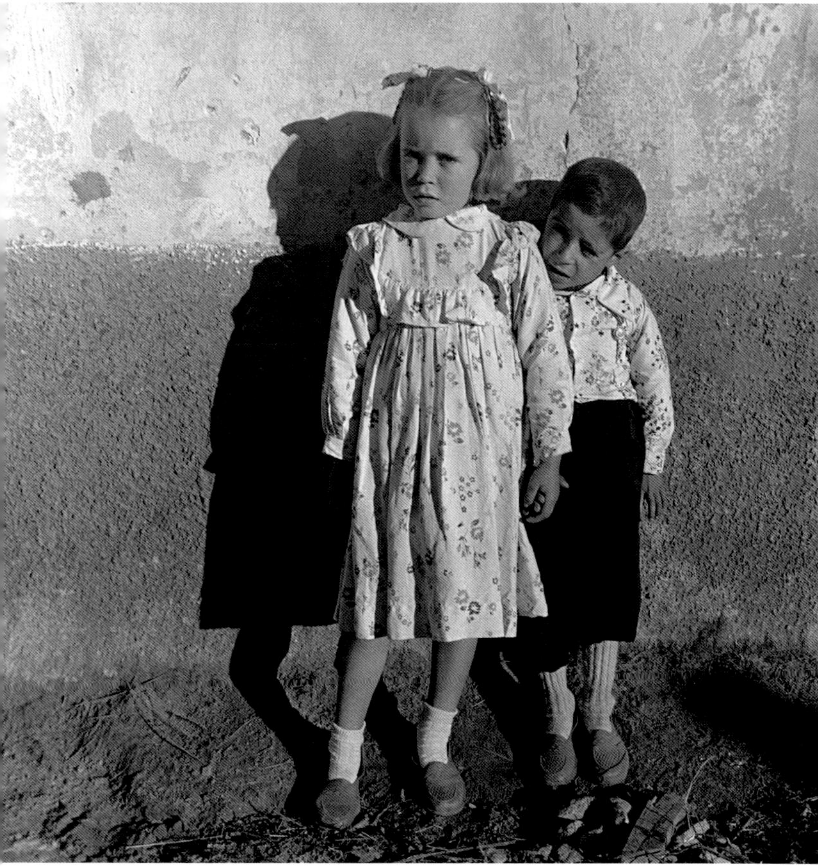

7. Niños. Comarca de Sanabria, Zamora, 1956

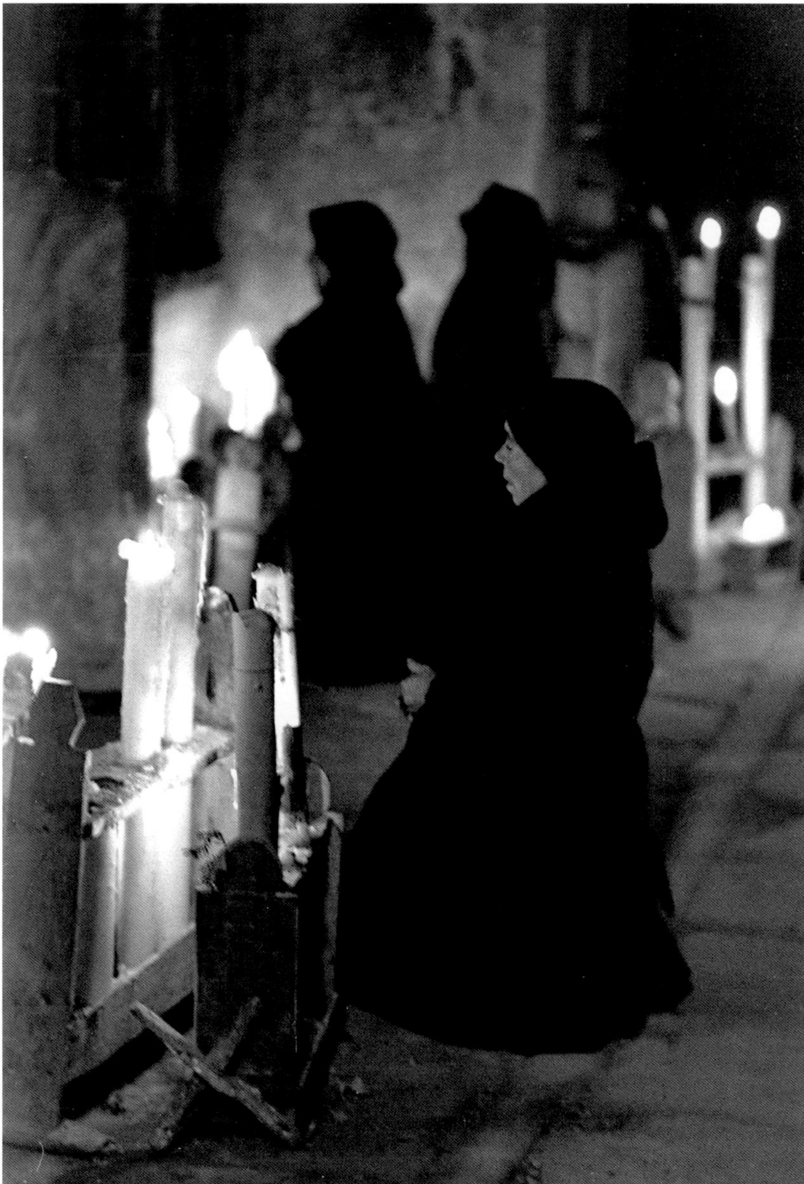

38. Comarca de Sanabria, Zamora, 1955

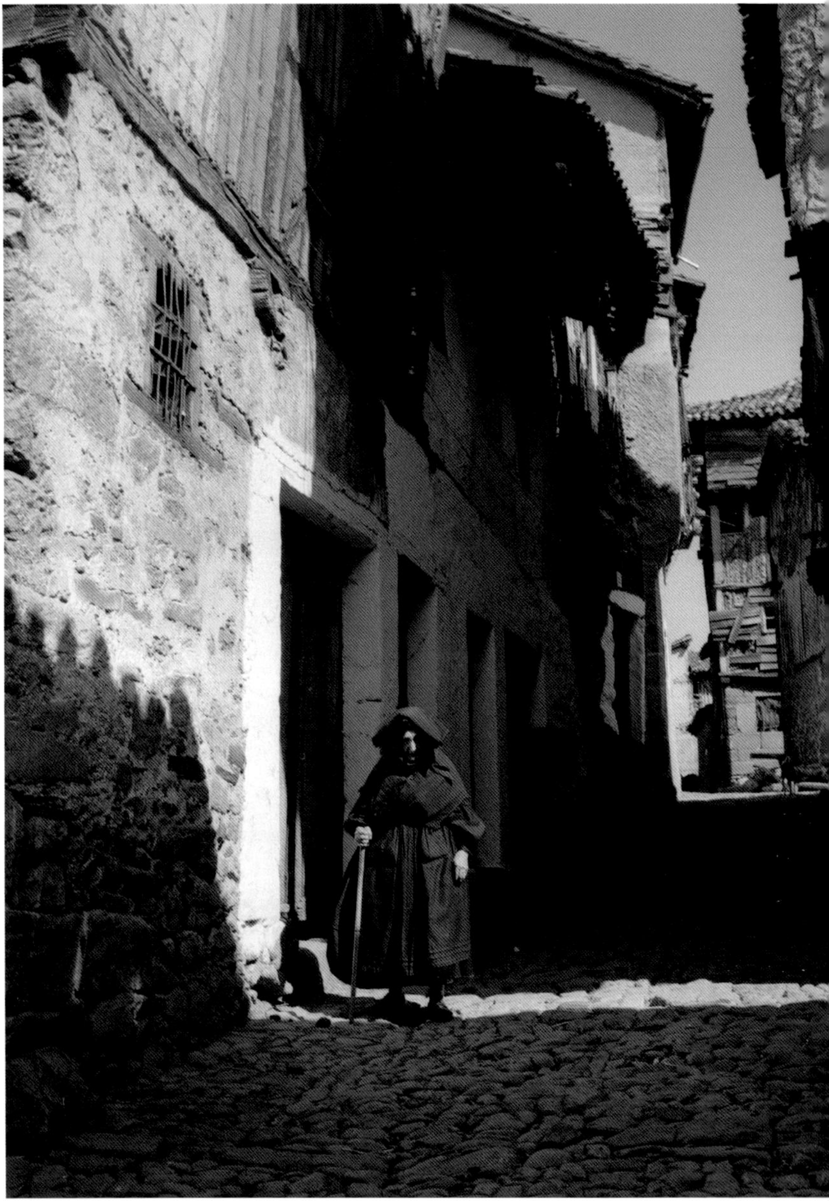

39. Calle de La Alberca (Salamanca), 1955

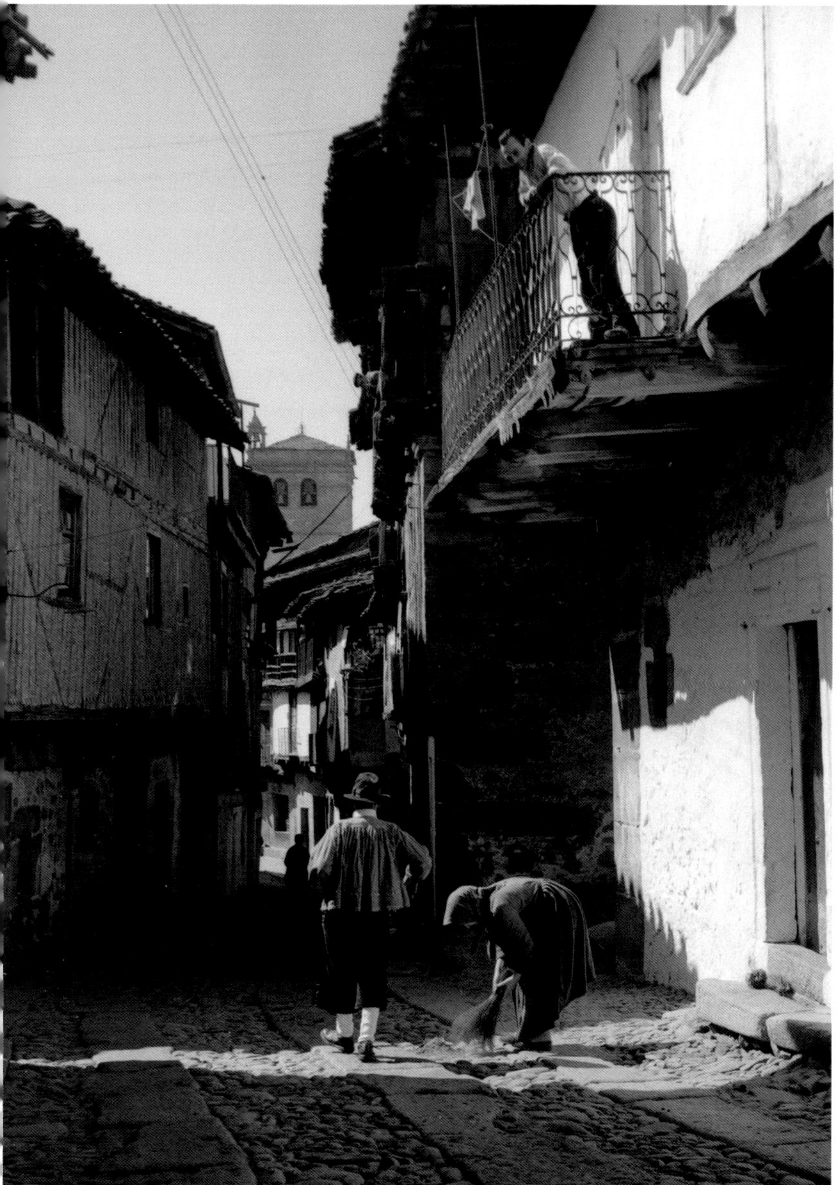

40. Calle de La Alberca (Salamanca), 1955

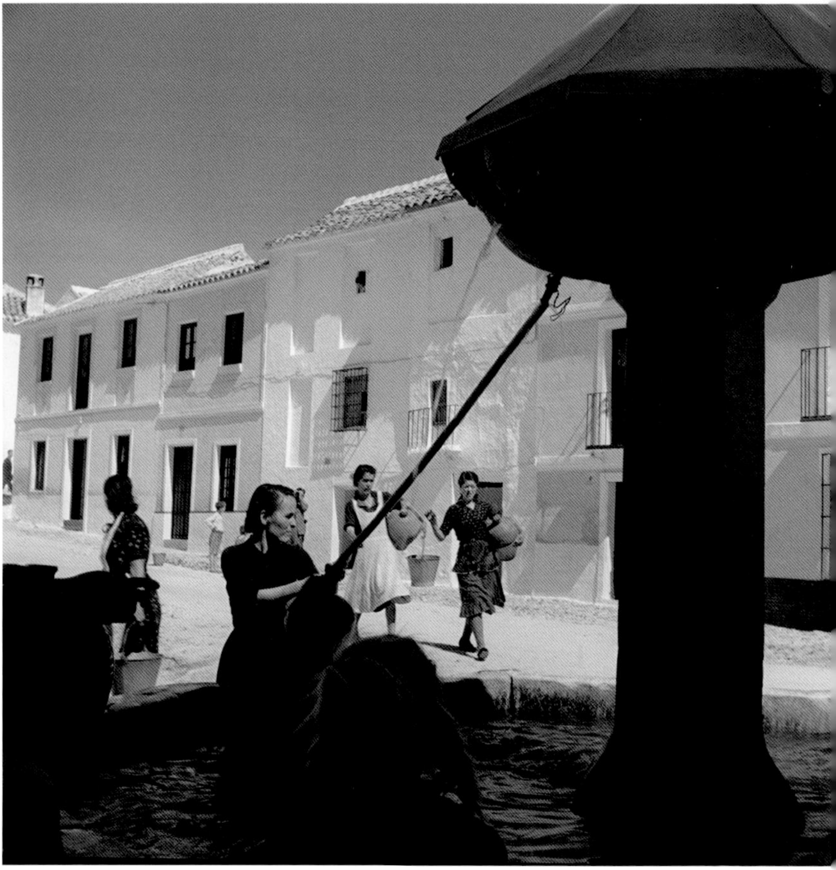

41. Fuente en Antequera (Málaga), 1955

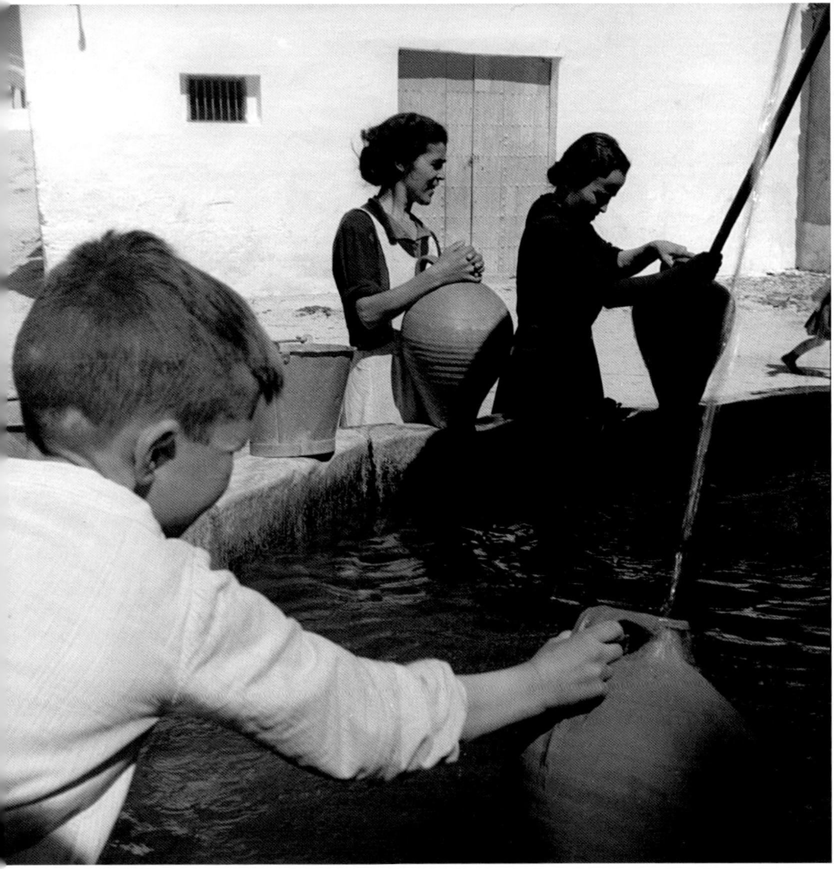

42. Fuente en Antequera (Málaga), 1955

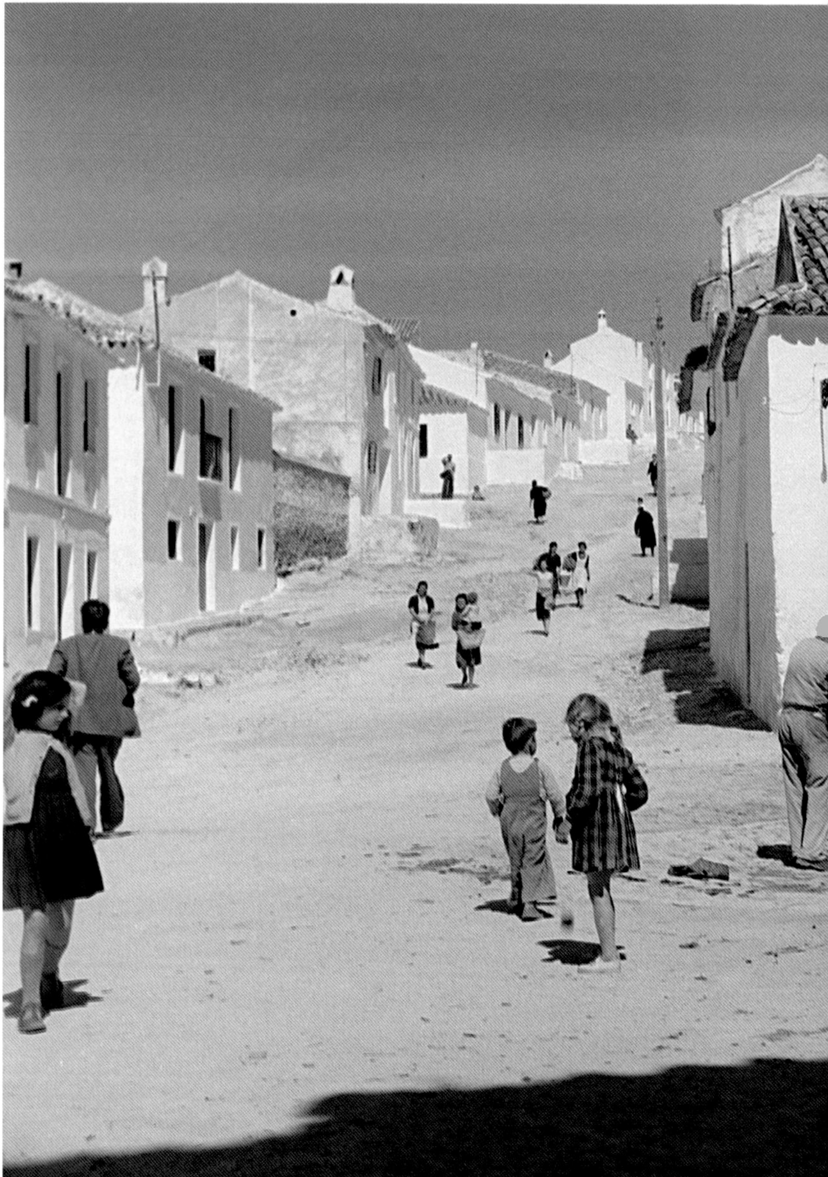

43. Fuente en Antequera (Málaga), 1955

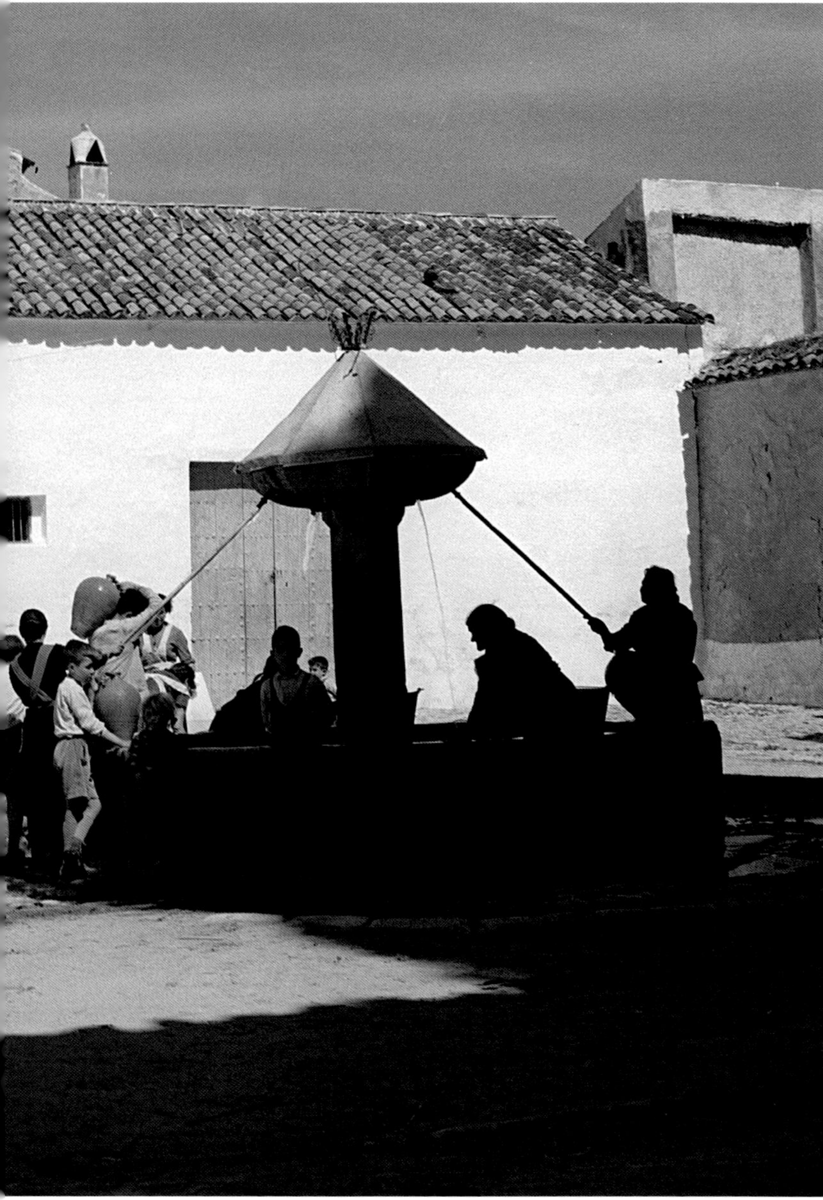

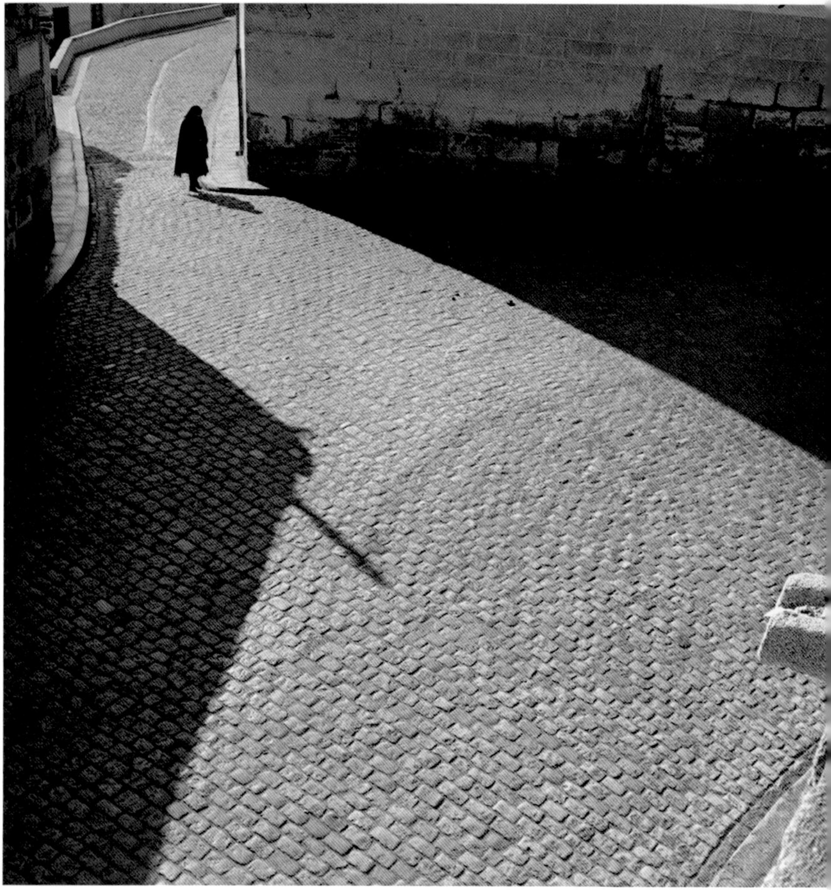

44. Rincón de Ávila, 1955

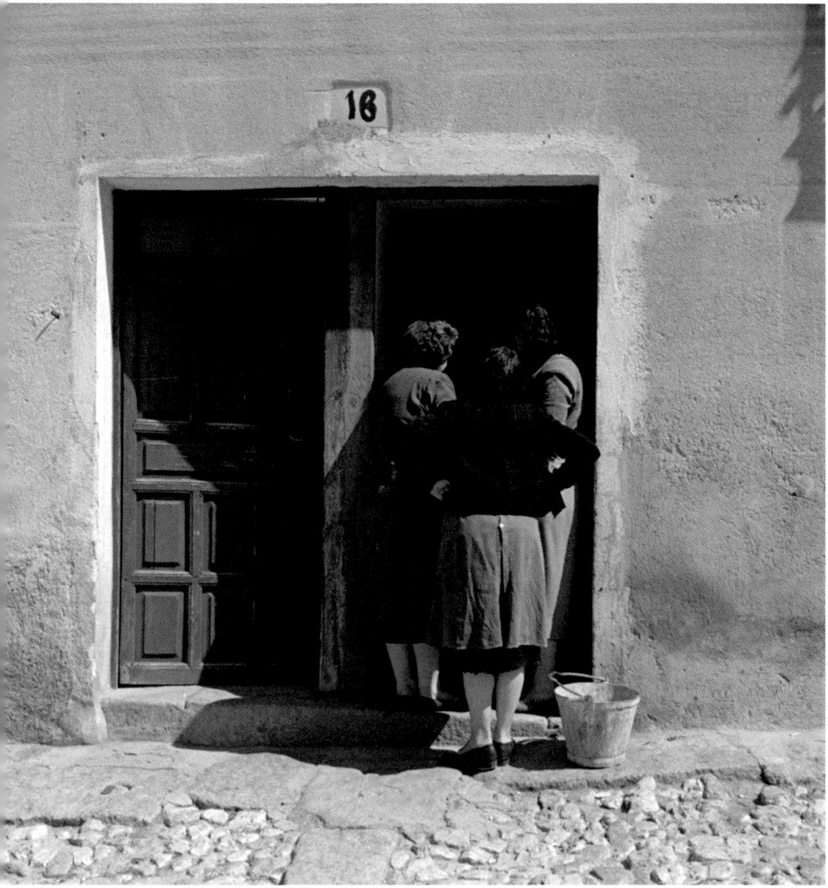

5. Casa y portal. Ávila, 1954

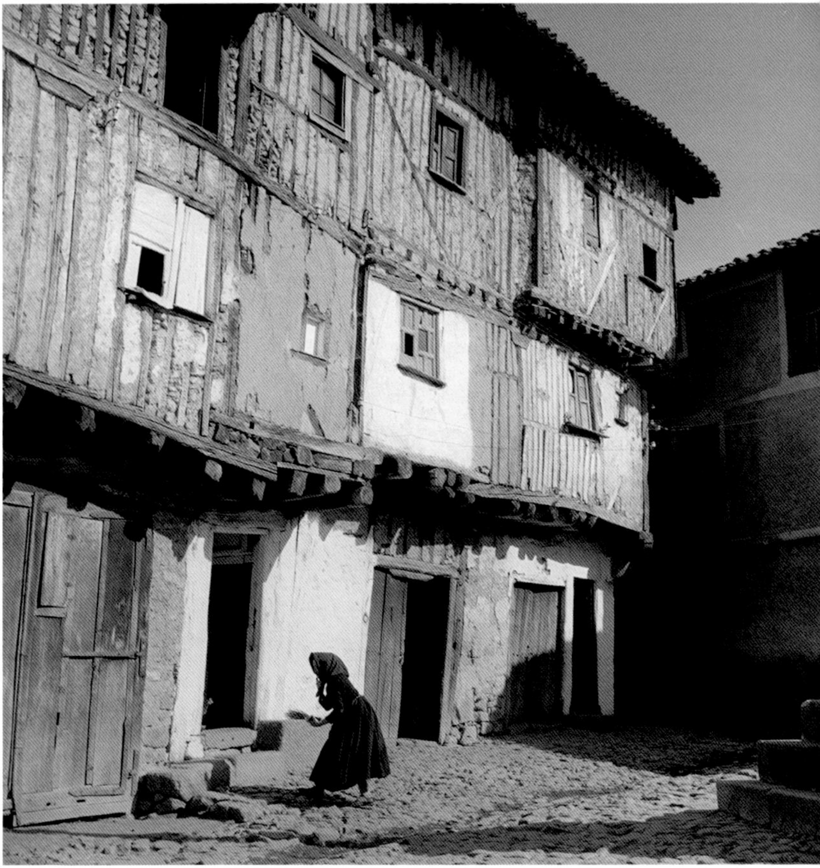

46. La Alberca (Salamanca), 1954

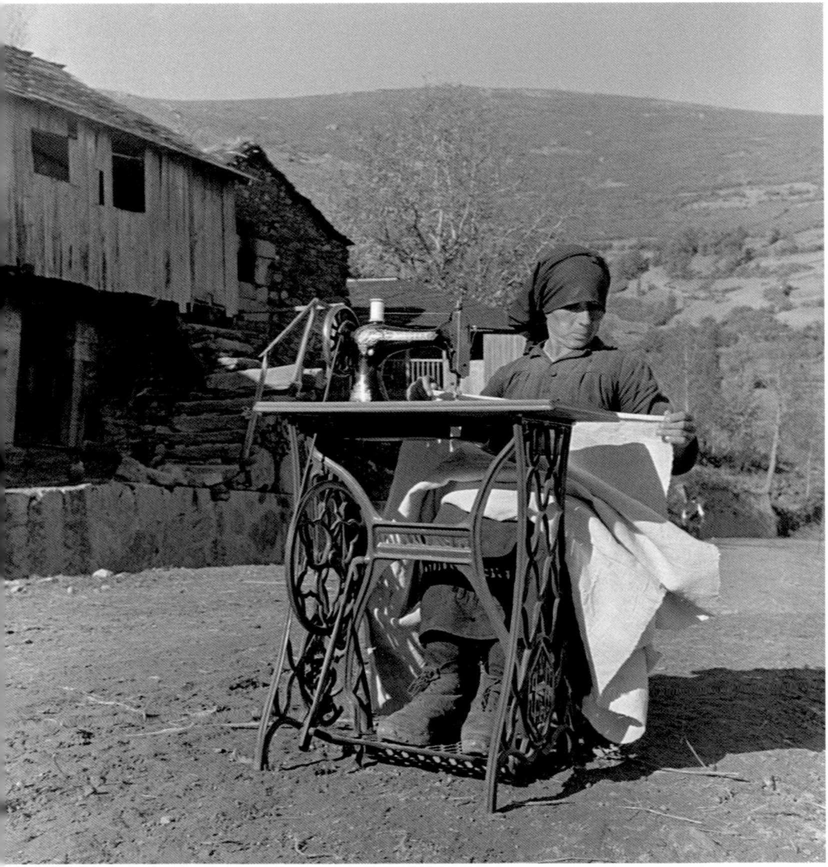

·7. Comarca de Sanabria, 1955

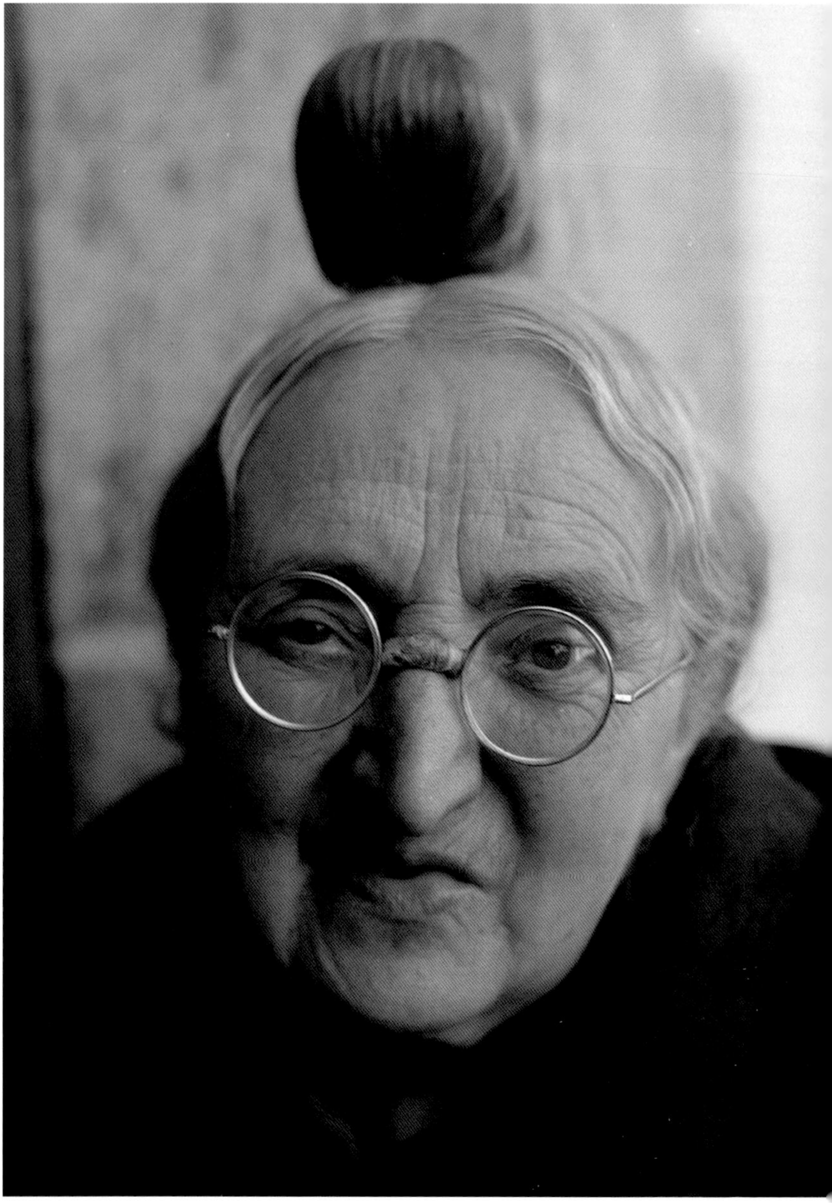

48. Anciana. Candelario (Salamanca), 1954

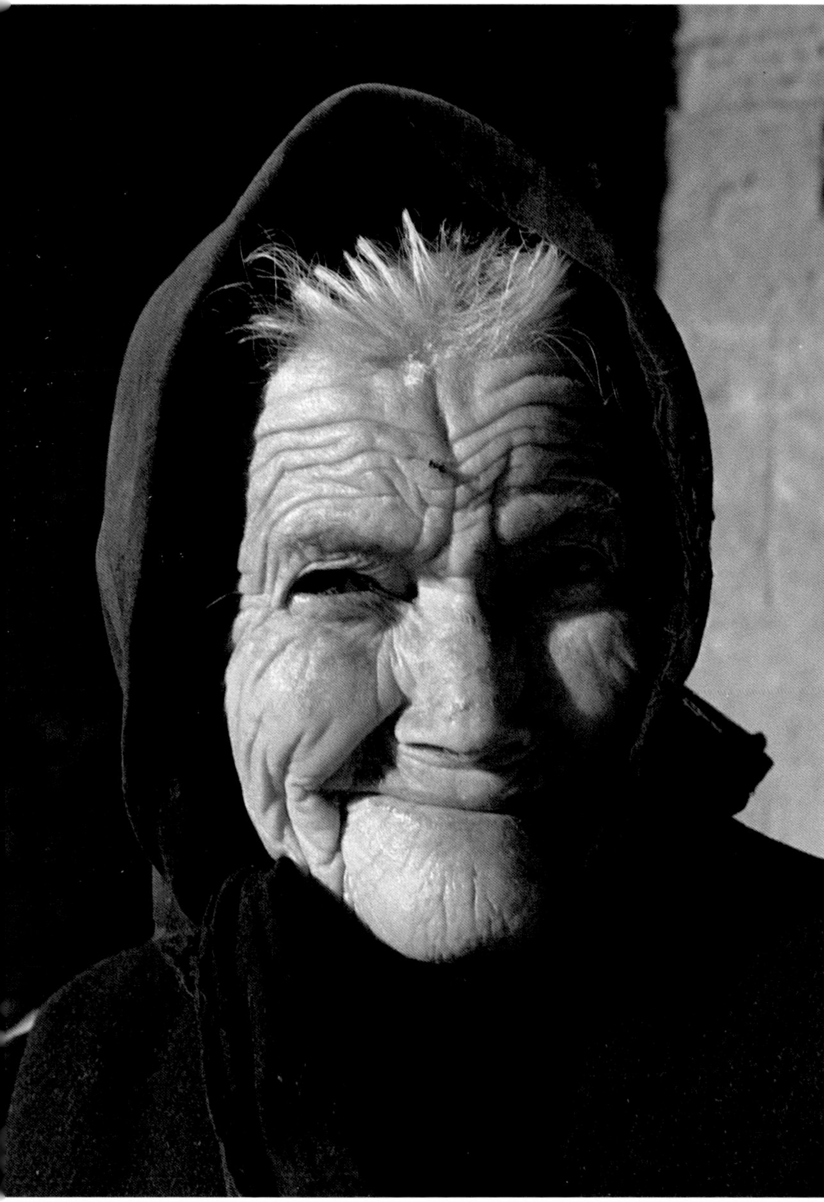

49. Anciana. Candelario (Salamanca), 1954

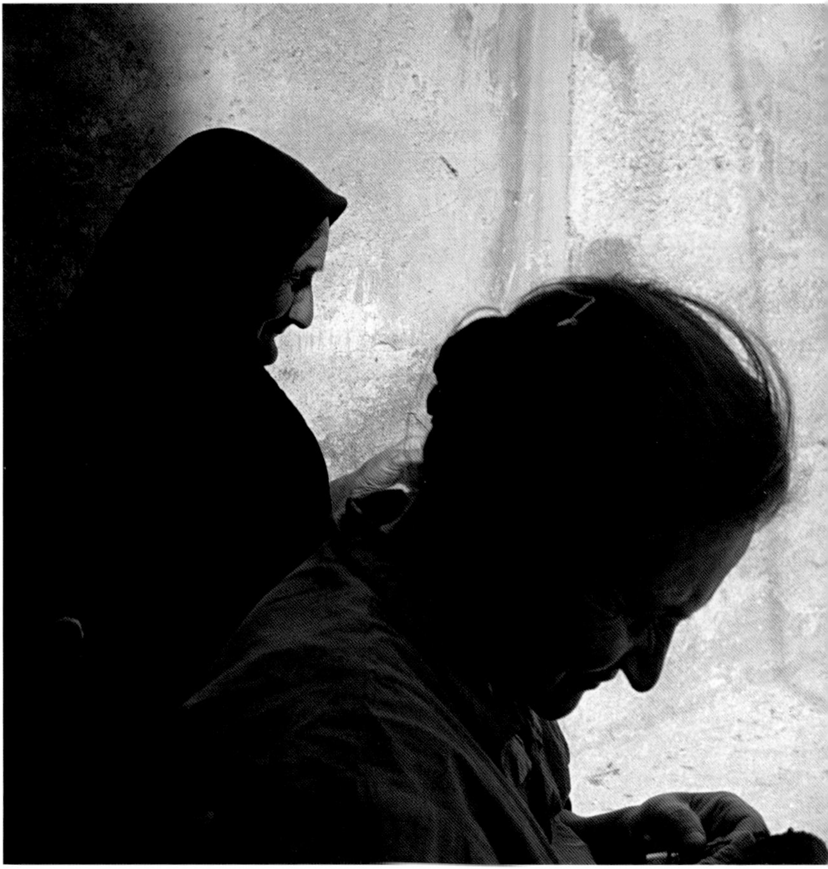

50. Piedrahíta (Ávila), 1954

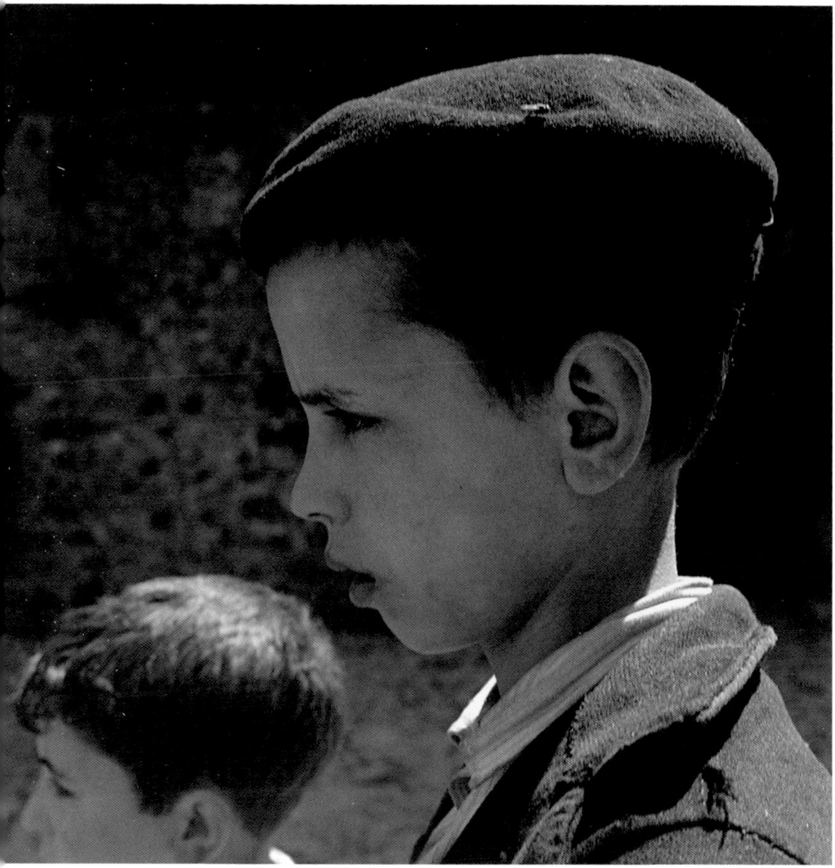

51. Piedrahíta (Ávila), 1954

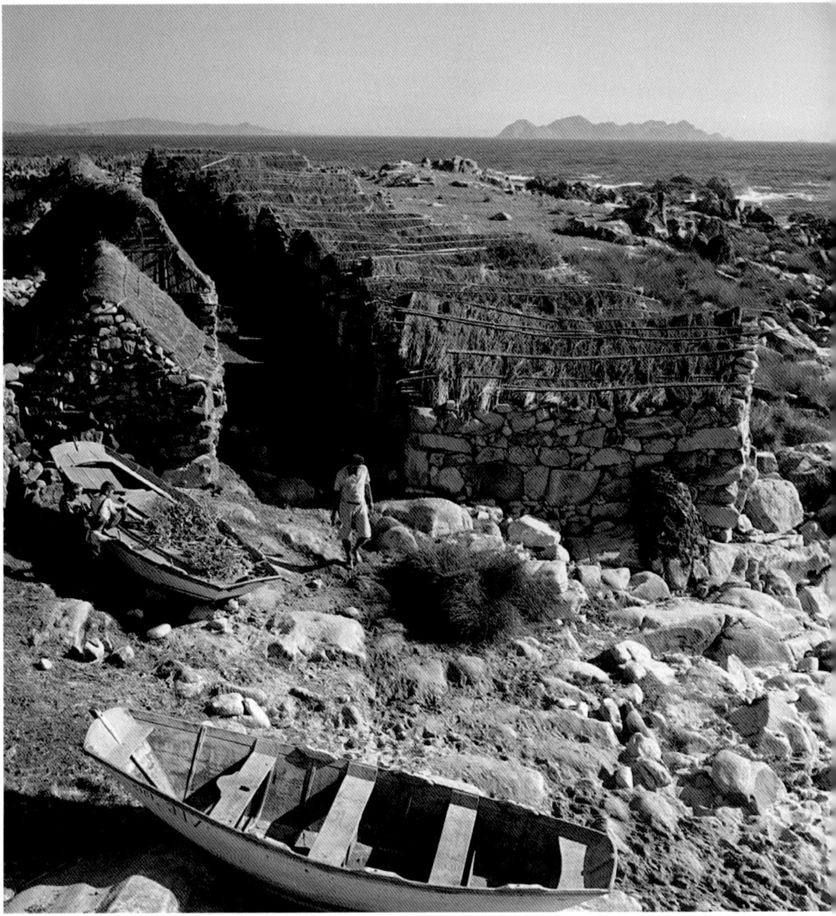

52. Bayona (Pontevedra), 1952

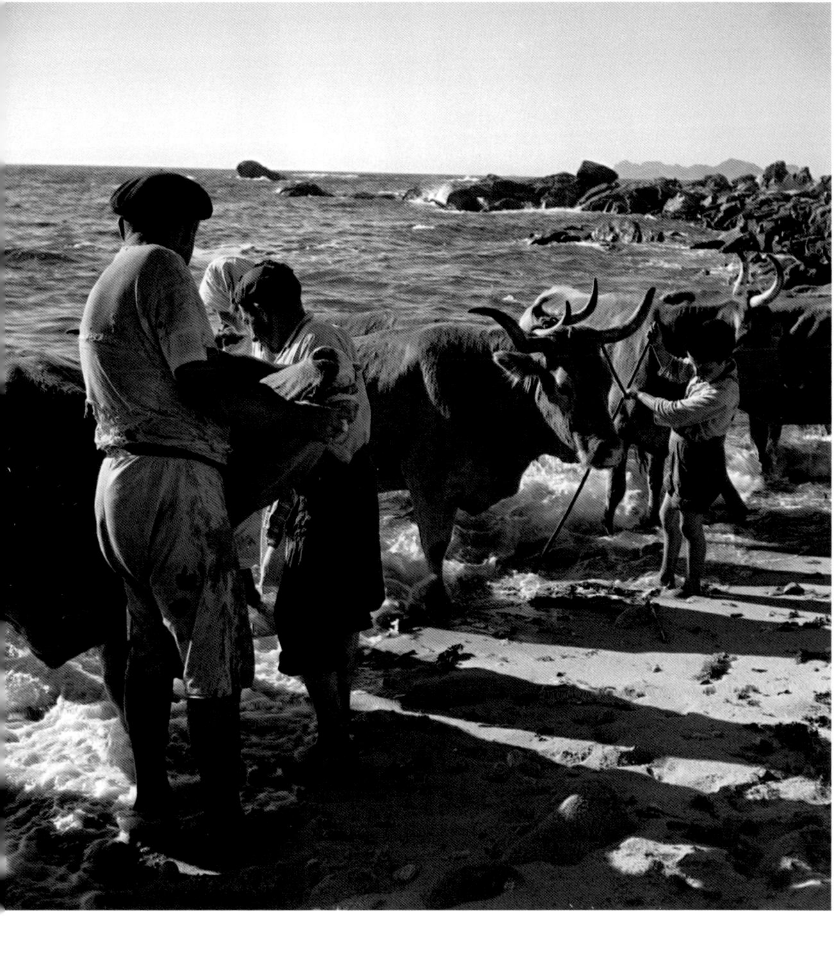

53. Bayona (Pontevedra), 1952

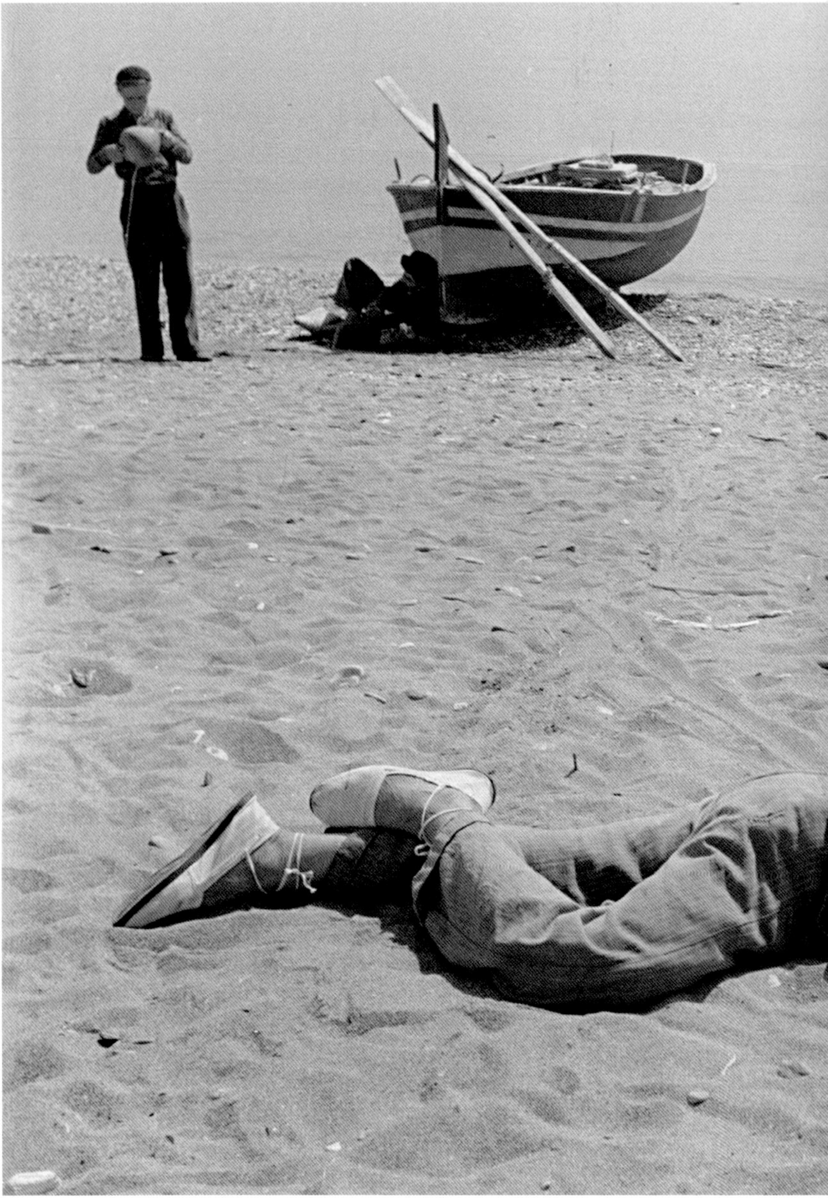

54. Almuñécar (Granada), 1953

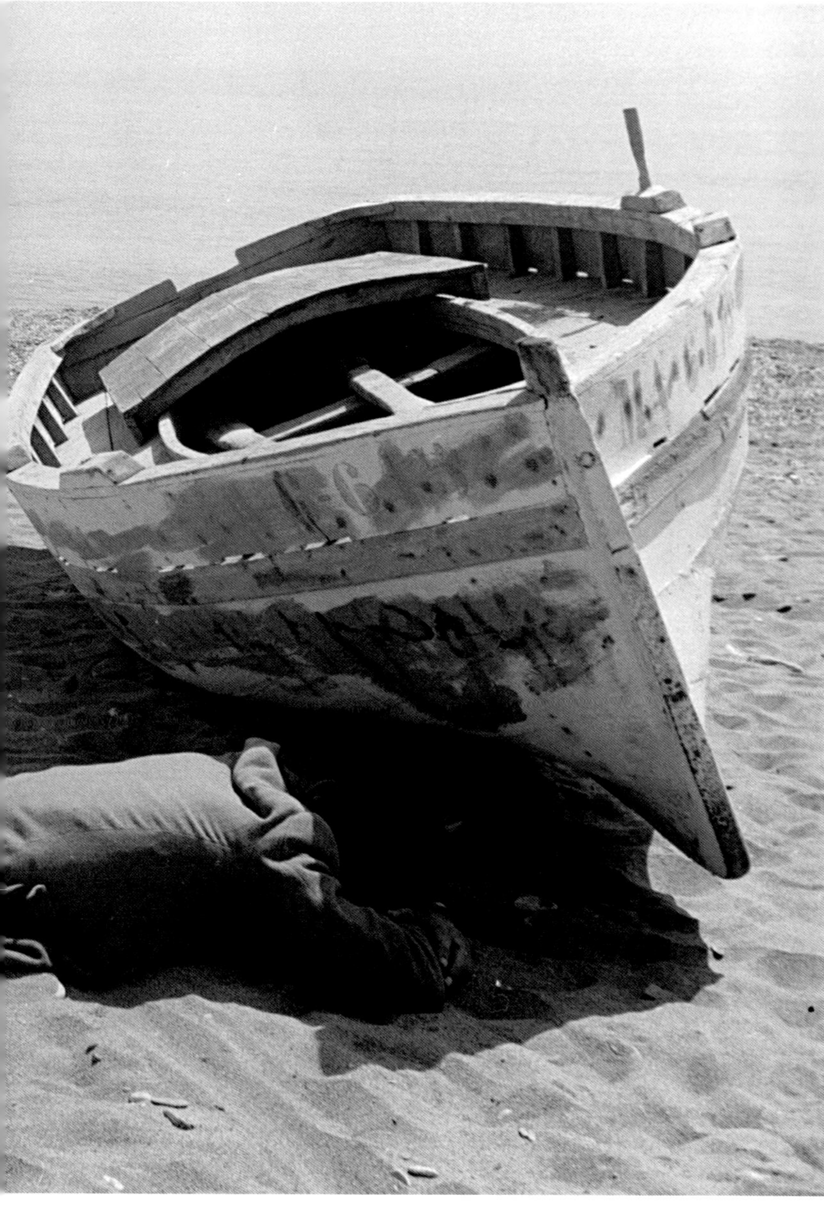

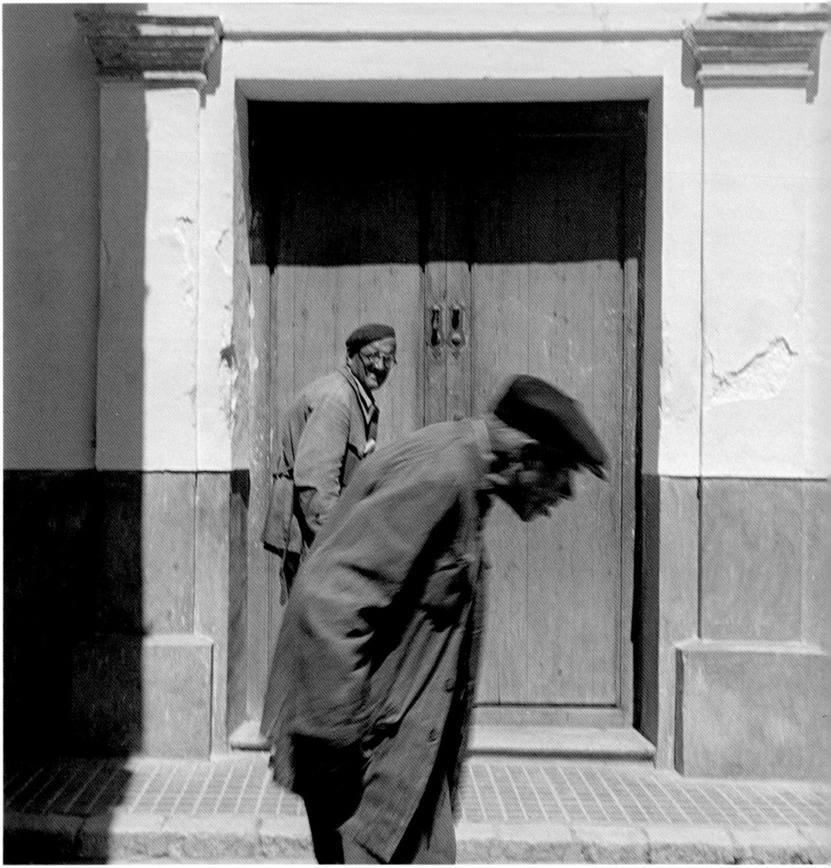

55. Dos ancianos. Andalucía, 1956

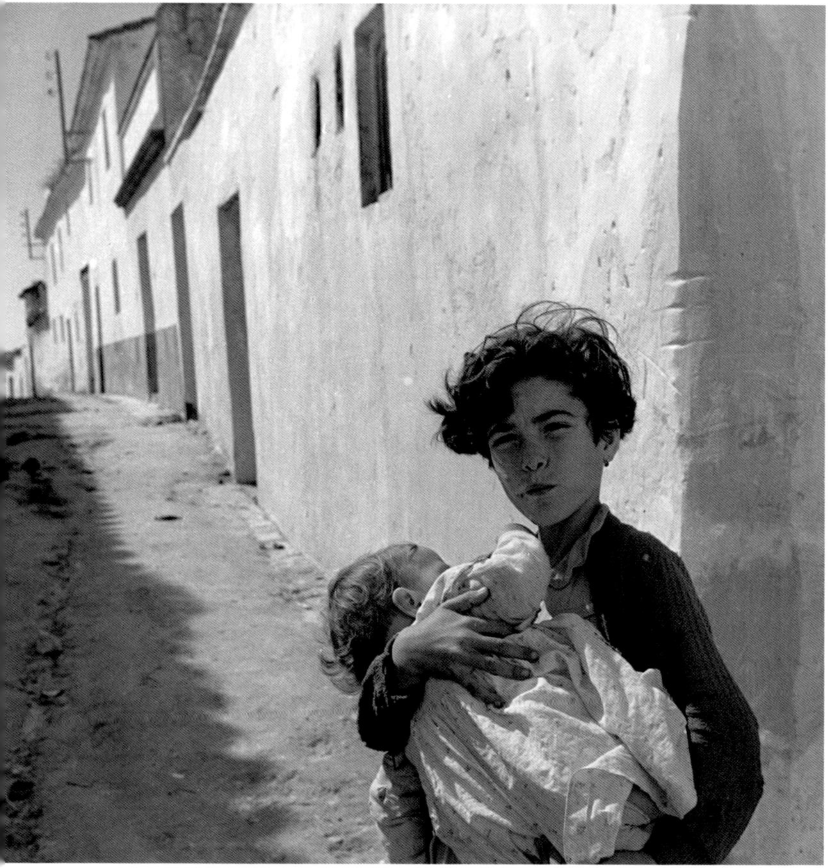

6. Niña y niño. Andalucía, 1956

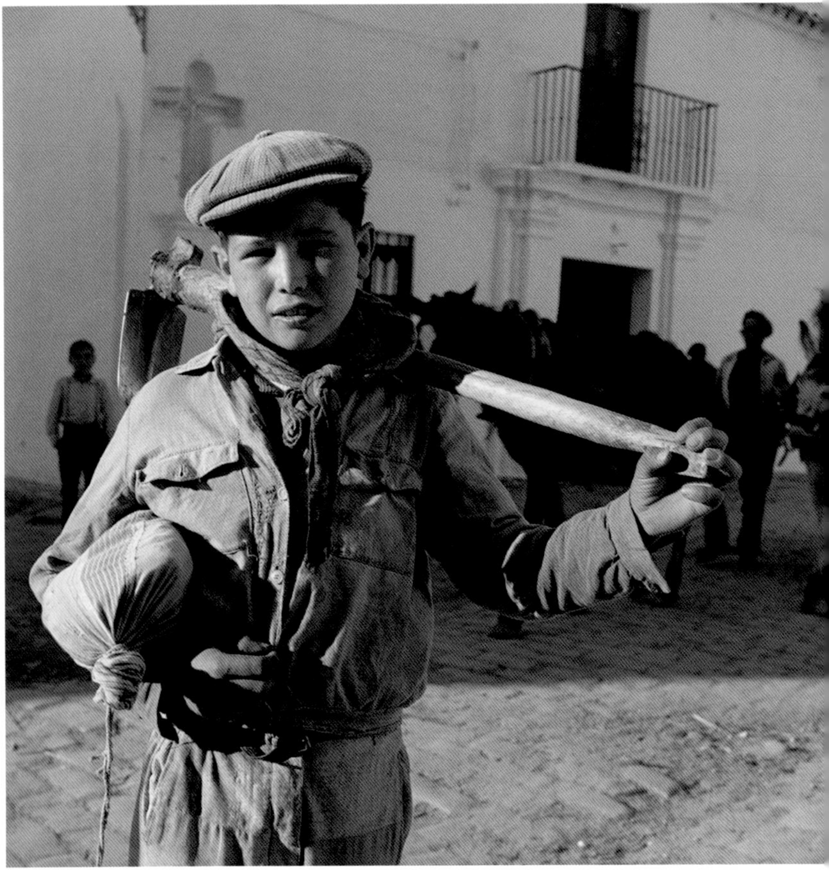

57. Muchacho campesino con azada. Moguer (Huelva), 1955

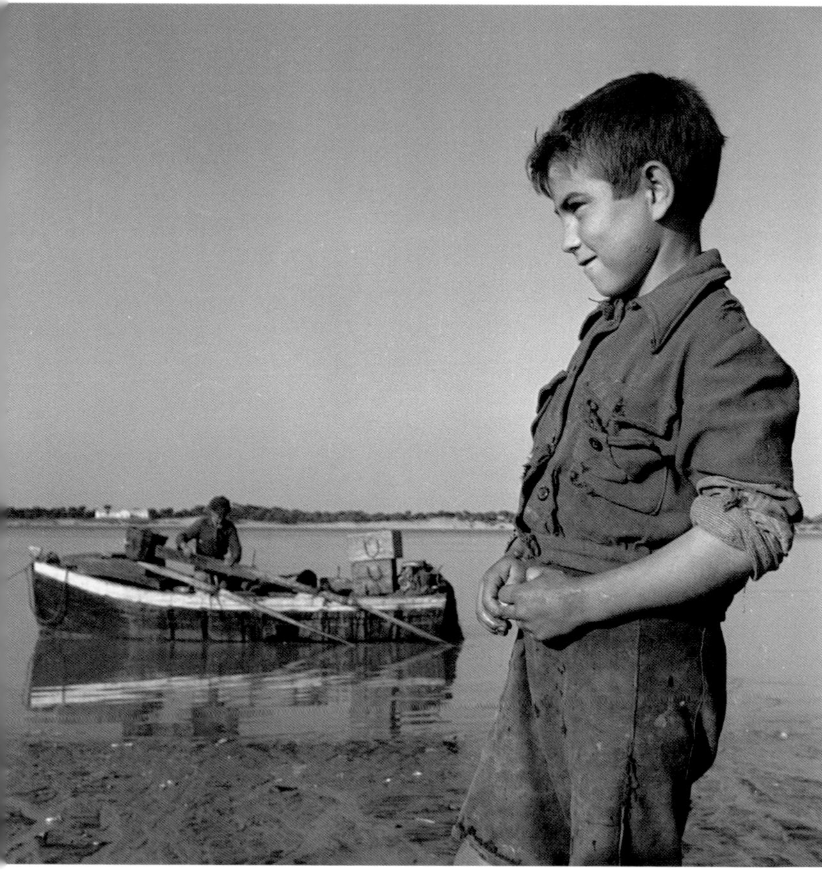

8. Sanlúcar de Barrameda (Cádiz), 1955

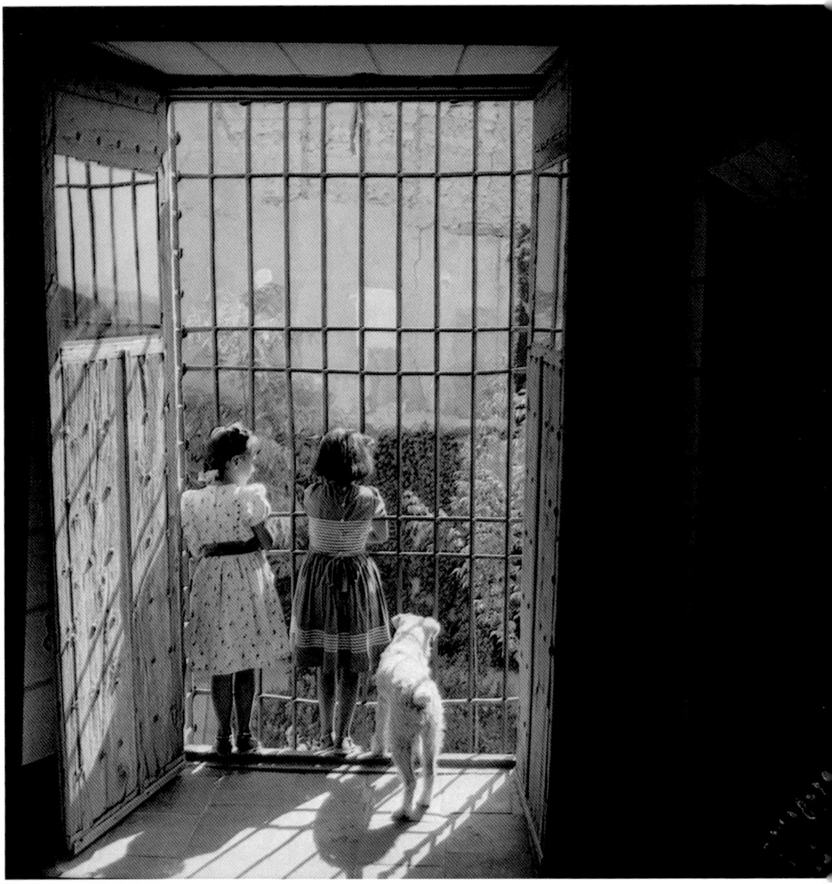

59. Nena, Chuchi y el perro. Cuenca, 1950

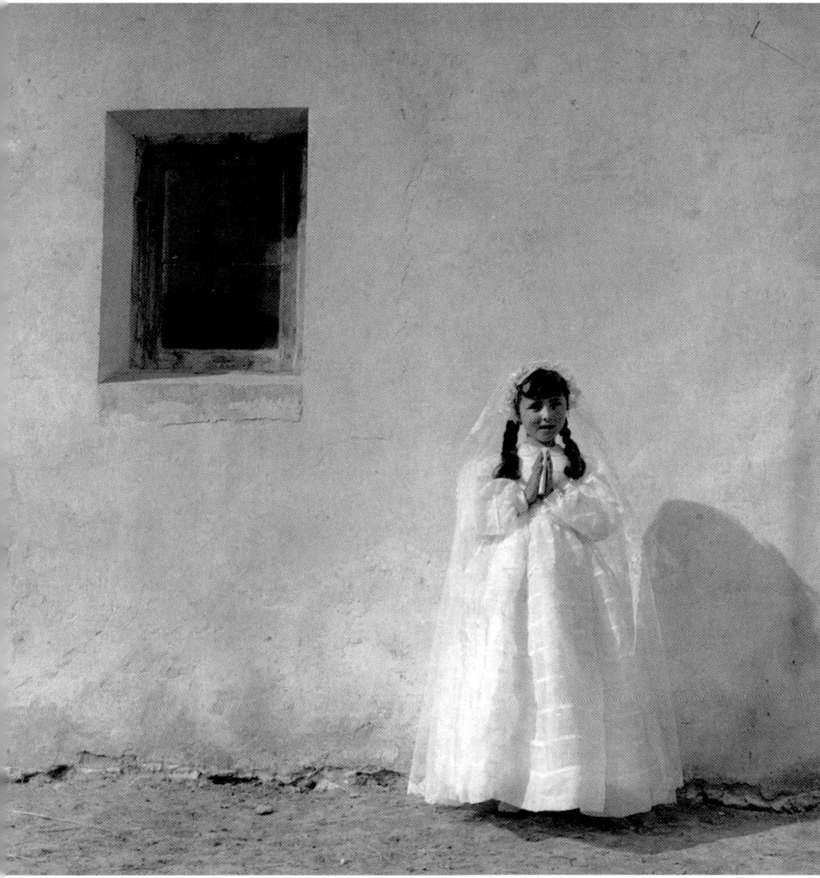

0. Niña de comunión. Tragacete (Cuenca), 1957

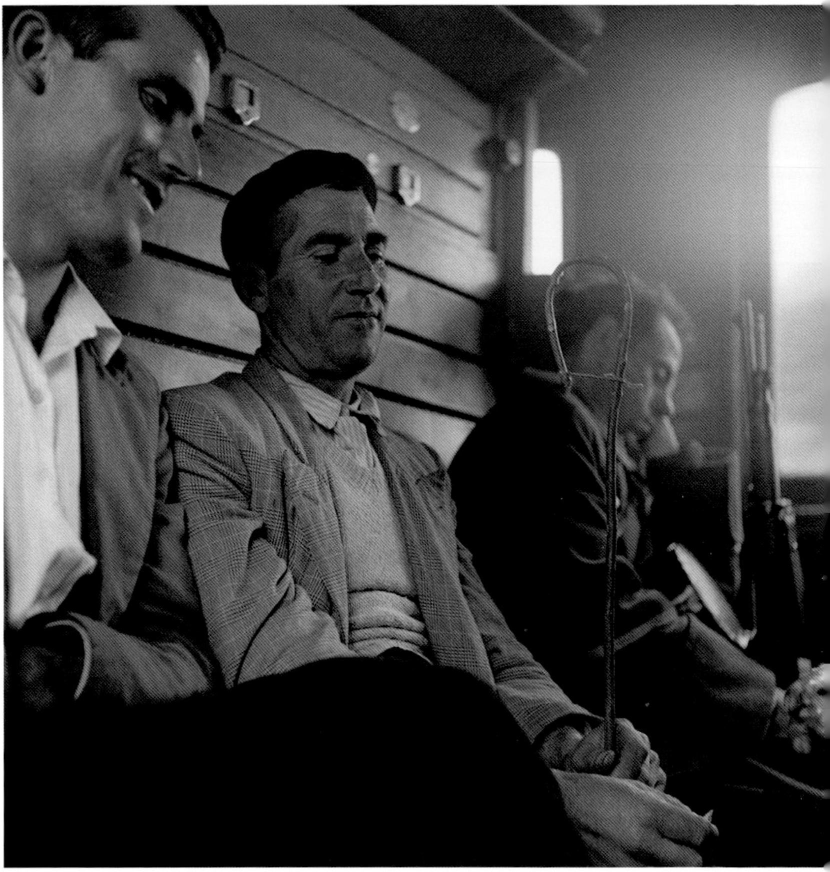

61. Vagón de tercera clase, 1954

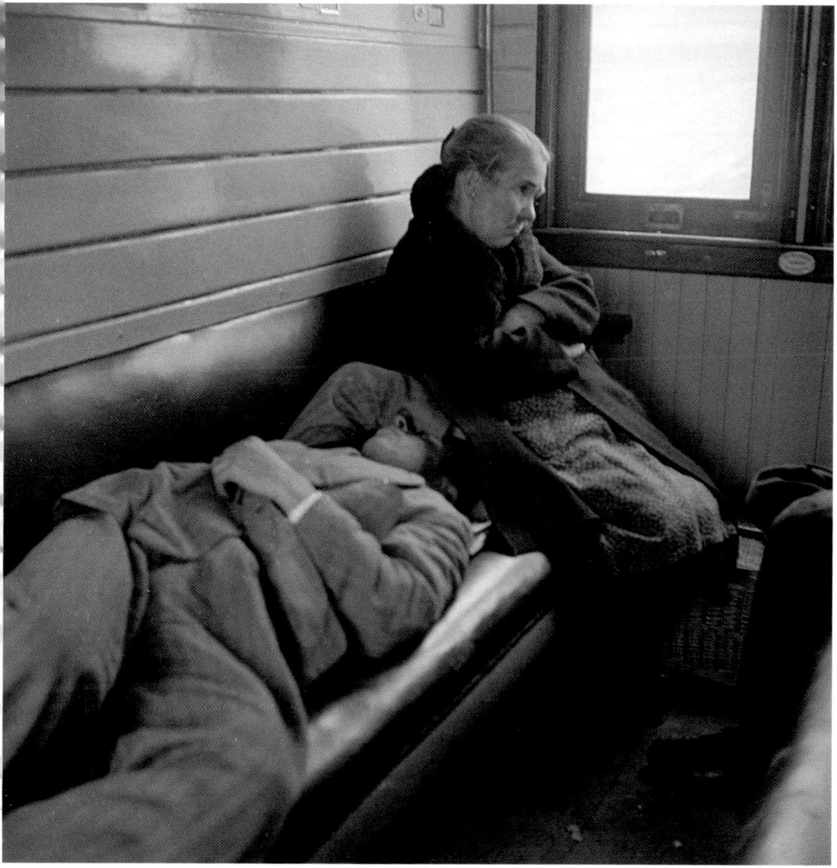

62. Vagón de tercera clase, 1954

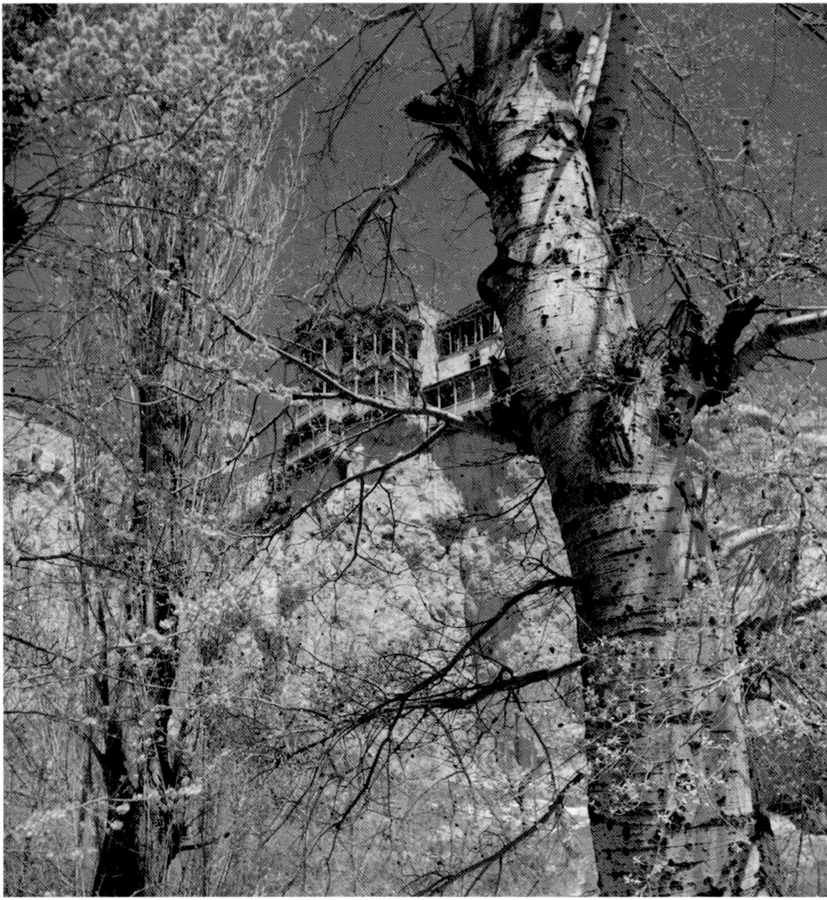

63. Las Casas Colgadas de Cuenca, 1952

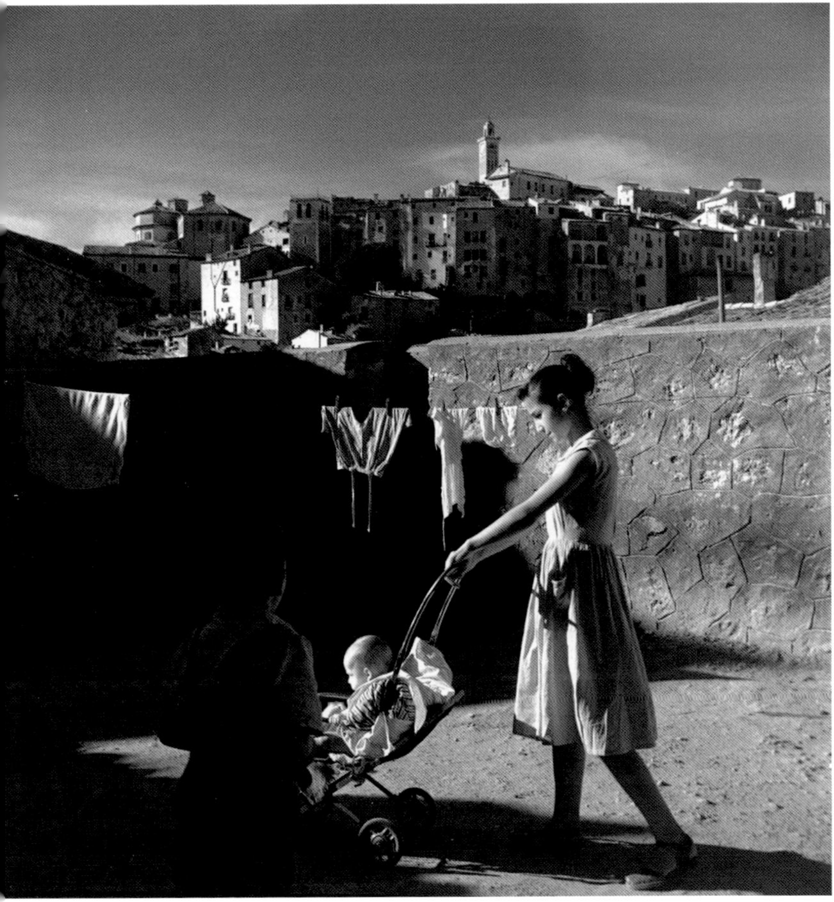

64. Parte alta de Cuenca, 1954

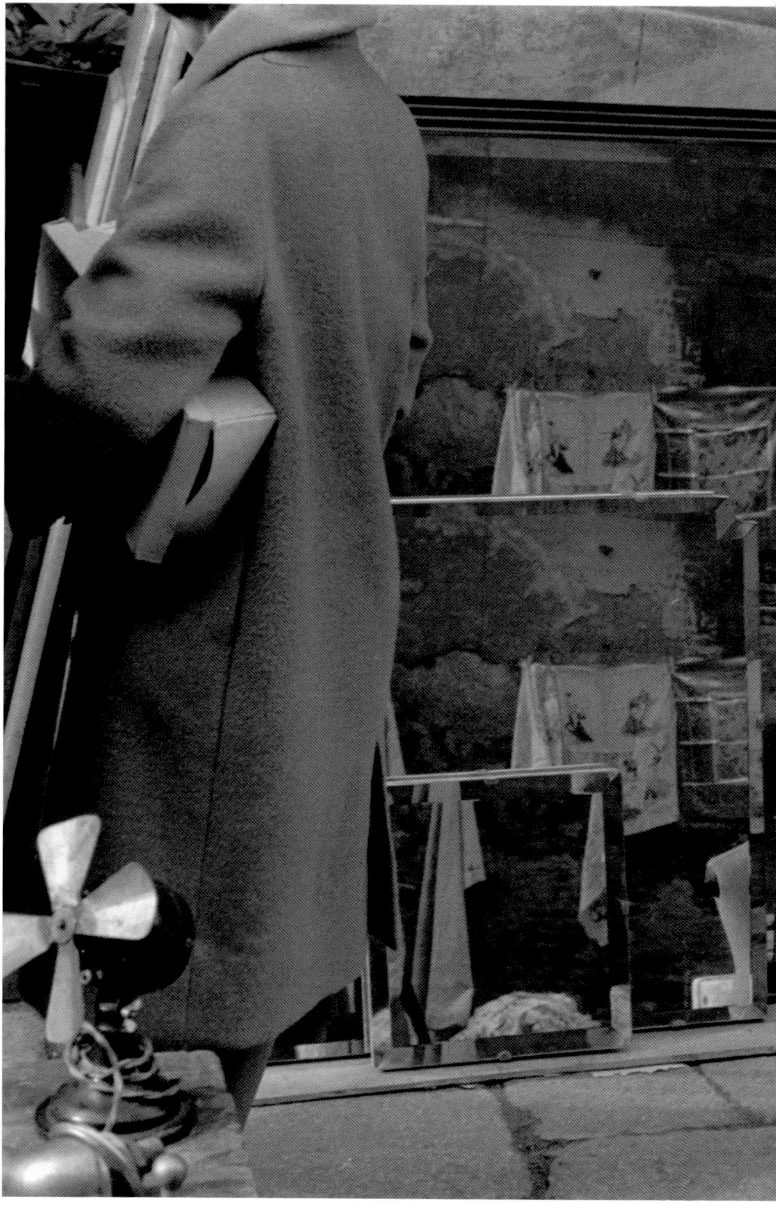

65. El Rastro. Madrid, 1961

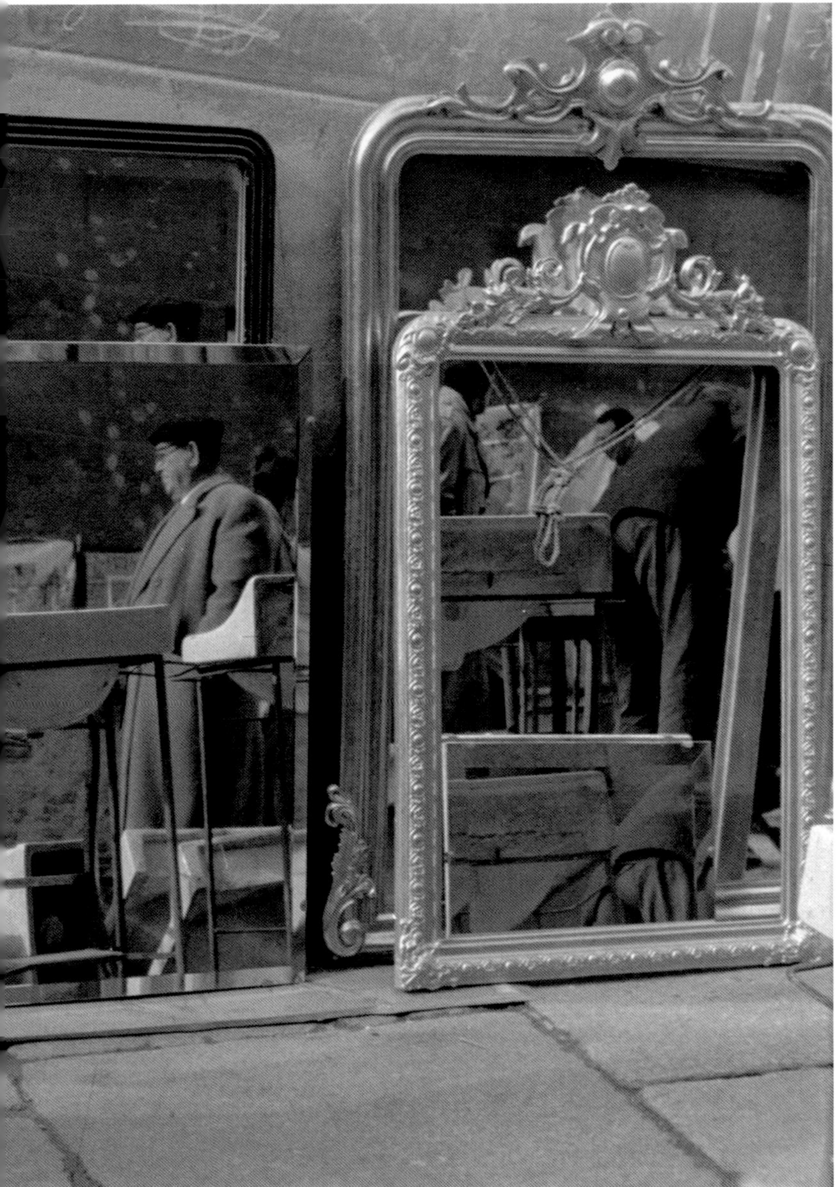

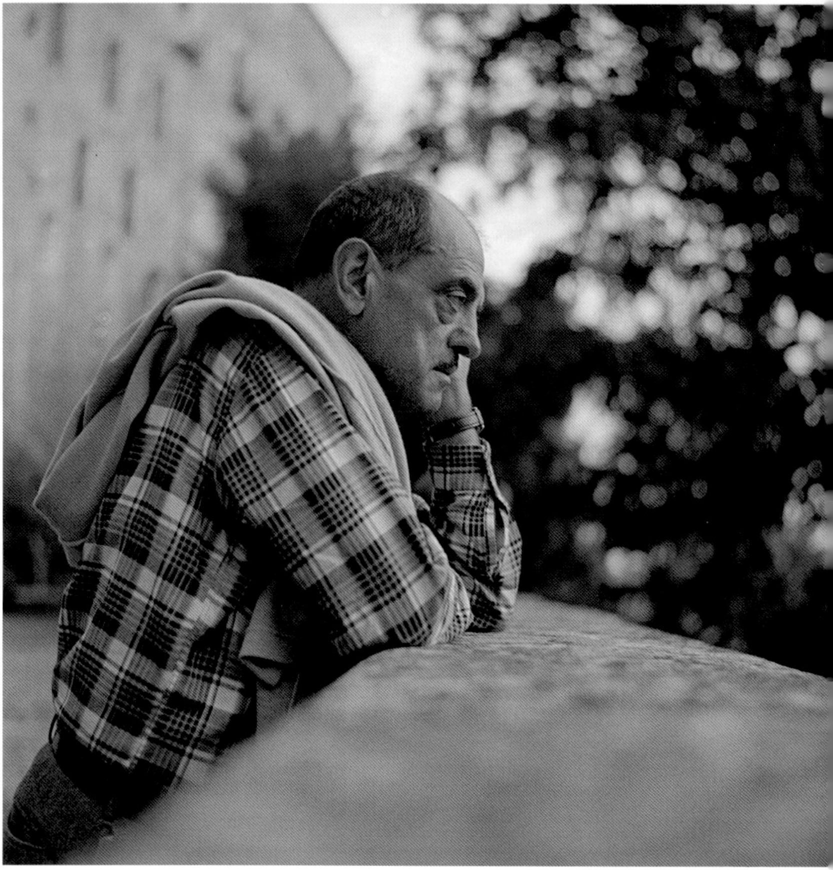

66. Luis Buñuel. Cuenca, 1960

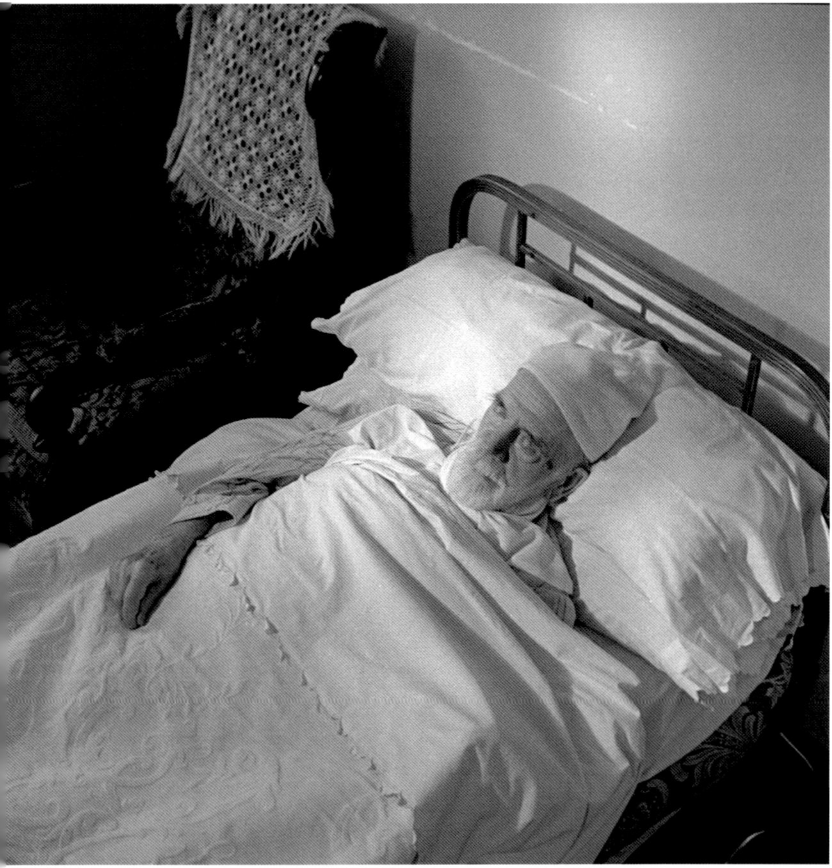

37. Pío Baroja, 1956

Cronología

1932 Nace en Huesca el 4 de enero.

1936-39 Durante la Guerra Civil vive con su familia en Madrid, Valencia y Barcelona.

1943 La familia Saura fija su residencia definitiva en Madrid.

1950 Comienza sus estudios de Ingeniería Industrial, que abandonará pronto.
En la década de los cincuenta realizará sus primeros trabajos artísticos, siguiendo los pasos de su hermano Antonio, que formará parte del grupo El Paso.

1952-55 Inicia varios caminos: fotorreportero, periodista, impresor... También quiere correr en motocicleta y ser bailaor.
En 1952 tiene lugar su primera exposición individual en la Real Sociedad Fotográfica de Madrid.

1953 Se matricula en el Instituto de Investigaciones y Experiencia Cinematográficas (Escuela Oficial de Cinematografía desde 1962), en la especialidad de Dirección Cinematográfica. Allí encuentra su verdadera vocación.

1957 Termina sus estudios de Dirección y ejerce como profesor de la escuela durante seis años, hasta 1963, cuando es destituido por razones políticas. Descubre el cine de Buñuel.

1958 Rueda el documental *Cuenca*, que consigue el Premio Especial del Festival de Cine de San Sebastián.

1960 Su primer largometraje, *Los golfos*, se presenta en Cannes. Con él se da a conocer en el extranjero. Sin embargo, la censura española destrozará la cinta.

1962 Expone junto a Ramón Masats en la galería Juana Mordó de Madrid.

1964 El Festival de Berlín consagra internacionalmente la figura de Saura al concederle el Oso de Plata por su largometraje *La caza*. Berlín premiará también sus películas *Peppermint frappé* (Oso de Plata en 1968) y *Deprisa, deprisa* (Oso de Oro en 1980).

1969 Mantiene una relación especial y constante con el Festival de Cannes. Allí se presentarán en la sección oficial *La madriguera* (1969), *Ana y los lobos* (1972), *La prima Angélica* (1973), *Cría cuervos* (1975), *El Dorado* (1987) —con estas tres últimas conseguirá el Premio Especial del Jurado—, *Elisa, vida mía* (1976), *Carmen* (1983) y *Tango* (1997).

1970 *El jardín de las delicias* triunfa en el Festival de Cine de Nueva York, pero en España la censura prohibirá su distribución durante casi un año.

1979 Su largometraje *Mamá cumple 100 años* es premiado en San Sebastián, Chicago y Bruselas, entre otros festivales internacionales. También será nominada para el Óscar a la mejor película de habla no inglesa.
Recibe el Premio Nacional de Cinematografía.

1981 Trabaja por primera vez con Antonio Gades, con quien realiza la versión cinematográfica de *Bodas de sangre*, de Federico García Lorca.

1983 *Carmen* se convierte en uno de sus más grandes éxitos comerciales. Con ella, vuelve a estar nominado a los Óscar y recibe premios en numerosos festivales.

1985 Rueda *El amor brujo* con Antonio Gades y Cristina Hoyos, que será premiada en Montreal y en los Goya.

1987 Rueda en Costa Rica *El Dorado*, que, con producción de Andrés Vicente Gómez, se convierte en la película más cara del cine español hasta la fecha.

1990 El largometraje *¡Ay, Carmela!* es un éxito de crítica y público. Consigue trece premios Goya, además de numerosos premios en festivales internacionales y una nueva candidatura a los Óscar.

1991 Continúa en la senda del flamenco con la película *Sevillanas*.
En Stuttgart estrena la ópera *Carmen*, para cuyo montaje cuenta con la colaboración de su hermano Antonio.

1992 Es elegido para rodar la película oficial de los Juegos Olímpicos de Barcelona, que se titulará *Maratón*.
Recibe la Medalla de Oro de las Bellas Artes.

1994 Inicia su colaboración con Vittorio Storaro, con quien rueda *Flamenco*, que se exhibe en los festivales de Venecia, Nueva York, Miami y Tokio.

1996-97 Publica su novela *Pajarico solitario*, base de su posterior largometraje *Pajarico*, protagonizado por Francisco Rabal.

1997 Vuelve a colaborar con Storaro para el rodaje de *Tango*, por la que recibe una nueva nominación a los Óscar.

1998 Recibe cinco premios Goya por la película *Goya en Burdeos*, en la que de nuevo participan Rabal y Storaro.

1999 Expone fotografías digitales en Sevilla y Almería.

2000-04 Publica las novelas *¡Esa luz!* y *Elisa, vida mía* y estrena la película *El séptimo día*.
Recibe el Premio de Cine Europeo por su trayectoria cinematográfica.
Expone sus fotografías de juventud en el Círculo del Arte de Barcelona, en el Círculo de Lectores de Madrid, en el Instituto Cervantes de Múnich y en el Centre des Arts de Enghien-les-Bains (Francia).

2002 Expone su serie *Autorretratos* en Alcalá de Henares (Madrid) y las fotografías del rodaje de *Buñuel y la mesa del rey Salomón* en el Círculo de Bellas Artes de Madrid.

2003 El Círculo del Arte de Barcelona y el Centro Cultural del Círculo de Lectores de Madrid exponen las fotografías del rodaje de *Flamenco*. La exposición se acompaña del libro *Flamenco*, editado por Círculo de Lectores. Publica su serie de fotografías sobre el Rastro.

2005 Rueda la cinta musical *Iberia*, inspirada en la obra homónima de Isaac Albéniz.
Recibe el Premio Prisma de los profesionales de los directores de fotografía.
La galería Trama, en Madrid, expone sus fotografías pintadas de *Trenes de Cercanías*.
El Festival de Málaga acoge la exposición *Mis fotos de rodaje*.
Publica su serie de fotos coloreadas en un libro titulado *Las fotografías pintadas de Carlos Saura*.

2006 Sus fotografías del rodaje de *Flamenco* se exponen en Chicago.

2007 Estrena la película musical *Fado* y publica la novela *Ausencias*.
Recibe la Concha de Oro Honorífica del Festival Internacional de San Sebastián.

2008 Realiza el cortometraje *Sinfonía de Aragón* para la Exposición Internacional de Zaragoza.

2009-10 Estrena *Io, Don Giovanni*, una de sus películas más ambiciosas, sobre la figura de Lorenzo da Ponte.
Recibe la Espiga de Oro Honorífica de la Semana Internacional de Cine de Valladolid.
La Fábrica publica el libro *Saura x Saura*, un diario fotográfico en el que el autor rinde homenaje a su hermano Antonio.
La exposición *Otras miradas de Carlos Saura*, comisariada por Asier Mensuro, itinera por Valladolid (SEMINCI 2009), León, La Coruña, Madrid, Zaragoza y Gijón.

2011 Su exposición *Luz de Carlos Saura*, en la que el autor reflexiona sobre la luz y la estudia desde todos los ángulos posibles, se convierte en la primera muestra del Centro Cultural Internacional Oscar Niemeyer, en Avilés (Asturias).

2013 Dirige la obra de teatro de Calderón de la Barca *El gran teatro del mundo*.

2016 Estrena la película *Jota de Saura*, un estudio antropológico sobre la jota con la participación de Miguel Ángel Berna, Sara Baras, Ara Malikian, Juan Manuel Cañizares, Nacho del Río y Carlos Núñez.
La exposición fotográfica *España años 50* itinera por Zamora, Segovia y Alcalá de Henares (Madrid). La muestra se acompaña del libro *España años 50*, publicado por La Fábrica.
Recibe el Premio Ciudad de Alcalá de las Artes y de las Letras.

2017 El Museo Cerralbo de Madrid expone *España años 50*, en el marco del festival PHotoEspaña.

2018 Recibe la Medalla de Oro de la XXII edición de los Premios José María Forqué.
España años 50 se expone en el Paraninfo de la Universidad de Zaragoza y en la Fundación Cajasol, en Sevilla.

On Photography

Carlos Saura

I am a passionate photographer who goes through life carrying a small digital camera, observing the people around me, and I safeguard and preserve the pictures I take with it either because of their documentary value or because they represent some moment in my life.

I find no need to seek recourse in phrases like "a reflection of life," "bringing back the past," "a testimony to events," "bearing witness to history" or expressions like these to understand that photography is yet another of man's great inventions, a true revolution and a hallmark of the era in which we are living. Today it seems normal for us to come across photos in our personal albums showing our parents, siblings, relatives, friends, people we have liked, loved and desired, on days that marked our lives, in places and landscapes we once visited, as well as wounds, things forgotten, others wrecked, smiles and joy... and there is no way to avoid the sadness that overcomes us when we contemplate the loss of our loved ones.

Photography is no longer what it used to be: We have lost the magic of the image that emerged little by little in the developing tray. The leather bellows have vanished along with the clockwork shutters and film that had to be developed, copied and enlarged. The dark rooms where rolls of film were loaded and unloaded are a thing of the past, like the red light in the laboratory, the smell of metol, the hydroquinone, the thiosulphate...

Given the onslaught of digital cameras, computers and printers, photography has grown democratised, and today anyone can produce a nice image with the small camera in their mobile phone. Because visual media have become so commonplace, many photographers are now capable of achieving the quality seen long ago.

I took up photography out of love, to preserve the image of someone I loved and create a relationship with that loved person. At the age of eight, during the difficult post-war years in Spain, I was smitten with a girl who lived near my house. I was shy back then, so I hid behind a hedge with my father's photographic camera and took the first photo in my life.

I later learned that photography *could* change my world, that it created an accurate record of what was happening around me, and with that premise in mind I decided to take up photography and learn to master it. I held my first exhibition when I was nineteen years old at the Royal Photographic Society, the president of which was none other than Ortiz Echagüe. I studied the baccalaureate, then did my military service, and I hoped to become a journalist and an engineer. In the end, I came across something that would become an essential part of my life: cinema. However, I never left photography behind. I only took pictures professionally when I was named the official photographer of the Music and Dance Festivals of Granada and Santander. It was a lovely experience to share my life with orchestra directors, singers, dancers and other performers.

Photography, drawing, painting and cinema have allowed me to keep my curiosity for the realm of the image alive, a curiosity which I have shared with my brother Antonio, the painter.

Today, image and word—the written word and photography, with all of its branches: television, film, etc.—complement one another, and our visual culture is so vast and dominant that it influences every single sector of our society.

"Smile at the little birdie," yesterday's photographers would say, perhaps thinking this would help create the impression of an optimistic present. No little birdie ever pops out any more, though: it sleeps amid the inner workings of electronics. However, we can still see the same smiles learned and rehearsed in front of the mirror, smiles which flood our family albums.

So, what is in here? This little book belongs to a remote past within my life story. The photos were taken in the fifties, and my intention back then was to show Spain in a different way than the official propaganda did. It was sometimes a dark and sad Spain, underdeveloped and distant from Europe. In these photos you can see how the passage of time has changed clothing, faces, towns and landscapes. A long time has elapsed since we were in that place, but we can return there because of the power held by photography in portraying the past. Perhaps photographers do not realise it, but right at that moment when they click the shutter of a camera, mobile phone or tablet, they are encapsulating the past. The present is no longer, just the past.

There is a *greguería*, or aphorism, by Ramón Gómez de la Serna that has been etched into my memory. It goes like this: "His memory was so bad that he even forgot he had a bad memory, and thus remembered everything." This little book with my photographs from the fifties is a testimony of my travels through that now forgotten Spain, which can now be remembered thanks to photography. And one last thought: Oh, how this country has changed!

PHoto**Bolsillo**

Director de la colección / Series editor
Chema Conesa

Coordinación / Coordination
Bárbara Adrados

Diseño original / Original design
Fernando Gutiérrez

Traducción / Translation
Douglas Prats

Preimpresión / Pre-press
Museoteca

Impresión / Printer
Brizzolis

ISBN
978-84-17048-77-8

Depósito Legal / Legal Deposit
M-20669-2018

LA FABRICA
Verónica, 13
28014 Madrid
T. +34 91 360 13 20
edicion@lafabrica.com
www.lafabrica.com

Una coedición entre / A Coedition Between

LA FABRICA museoteca BRIZZOLIS arte en gráficas

Biblioteca PHotoBolsillo

Biblioteca de Fotógrafos Españoles

Xavier Miserachs
Nicolás Muller
Humberto Rivas
Ricky Dávila
Koldo Chamorro
Francesc Català-Roca
Carlos Pérez Siquier
Luis Pérez-Mínguez
Gabriel Cualladó
Javier Vallhonrat
Miguel Trillo
Pilar Pequeño
César Lucas
Fernando Gordillo
Agustí Centelles
Baylón
Isabel Muñoz
José María Díaz-Maroto
Cristóbal Hara
Antonio Tabernero
Alberto García-Alix
Pablo Genovés
Clemente Bernad
Carlos Serrano
Ramón Masats
Óscar Molina
Cristina García Rodero
Pablo Pérez-Mínguez
Joan Fontcuberta
Navia
Ricard Terré
Fernando Herráez
Oriol Maspons
José Ignacio Lobo Altuna
Xurxo Lobato
Genín Andrada
Valentín Vallhonrat
Vari Caramés
Juan Manuel Díaz Burgos
Ferran Freixa
José Antonio Carrera
Manuel Vilariño
Kim Manresa
Rafael Navarro
Toni Catany
Luis Escobar
Marta Sentís
Chema Madoz
Ciuco Gutiérrez
Alberto Schommer
Ouka Leele
Manel Esclusa
Laura Torrado
Ángel Marcos
Ortiz Echagüe
Francisco Ontañón
Carlos Saura
Alfonso
Juan Manuel Castro Prieto
Pep Bonet
Juantxu Rodríguez
Paco Gómez
Virxilio Vieitez
Gonzalo Juanes
Rosa Muñoz
Leopoldo Pomés
José Ramón Bas
David Jiménez
Leonardo Cantero
Jordi Socías
Colita
Alfredo Cáliz
Gervasio Sánchez
Txema Salvans
Matías Costa
Emilio Morenatti
Pierre Gonnord
Ricardo Cases
Sofía Moro
Joan Tomás
Atín Aya
Rafael Trobat
José Cendón
Luis de las Alas
Chema Conesa
Ragel
Samuel Aranda
Rafael Sanz Lobato
Juana Biarnés
Manuel Outumuro
Cristina de Middel
Carlos Spottorno
Aitor Lara
Miguel Bergasa
Javier Arcenillas
NOPHOTO
Laia Abril
Blank Paper
Ricardo Martín
Eduardo Momeñe
Campúa
Jean Marie del Moral

Biblioteca de Fotógrafos Latinoamericanos

Luis González Palma
Casasola
Marcos López
Cia de Foto
Raúl Cañibano
Alberto Korda
Tito Caula
Alfredo Cortina
Ricardo Jiménez
Barbara Brändli

Biblioteca de Fotógrafos Africanos

Jean Depara
Samuel Fosso
Mama Casset
Zwelethu Mthethwa

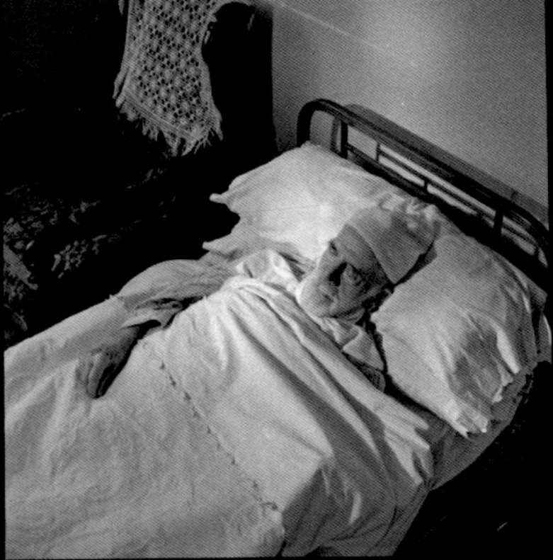
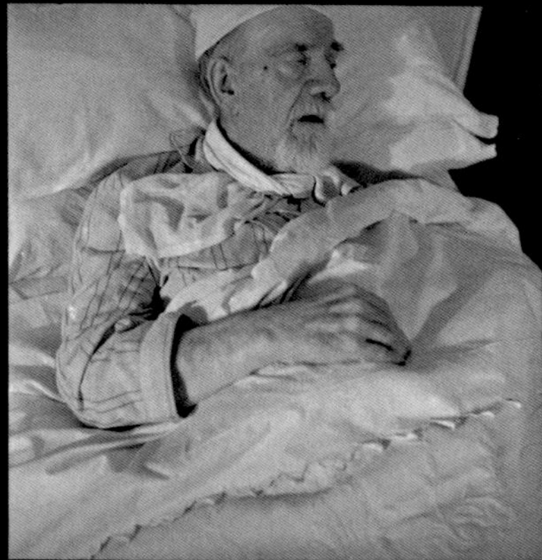
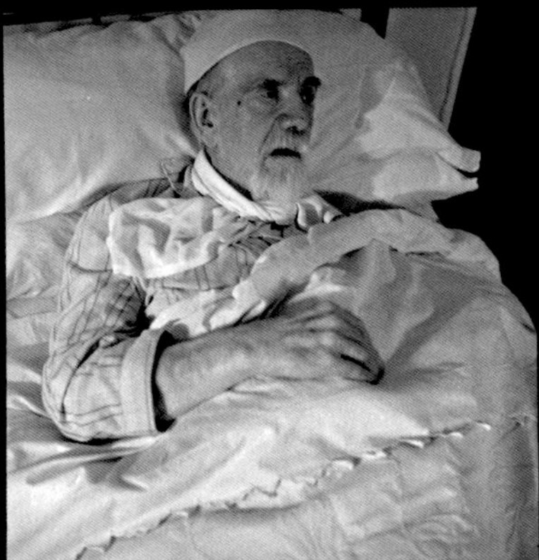
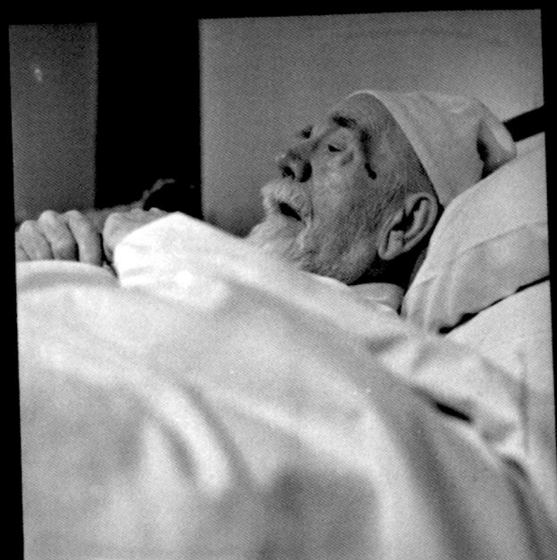
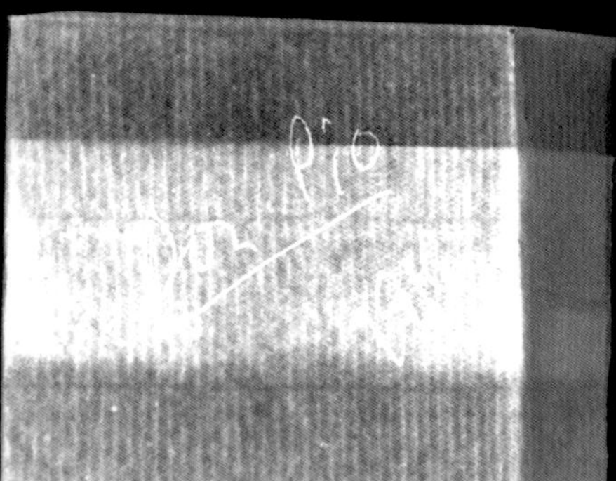
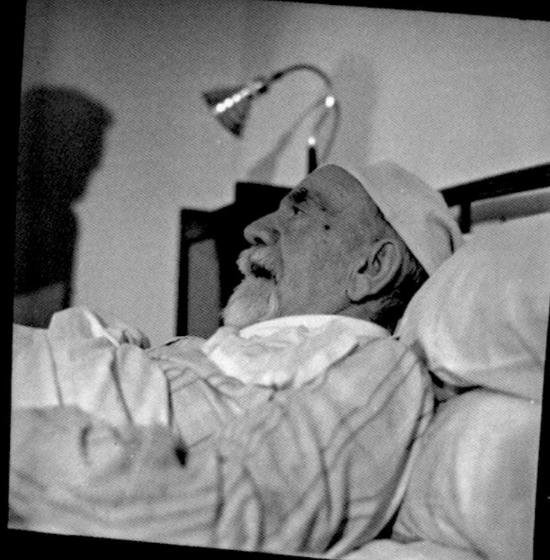